내부자들

〈천만 영화를 해부하다〉 평론 시리즈 1

# 내부자들

한국미디어문화학회 엮음

연극과인간

〈천만 영화를 해부하다〉 평론 시리즈 1

# 영화 〈내부자들〉
# 평론집을 발간하며

허구와 현실 사이의 일상적 오락과 놀이. 고대 로마의 정
치인이자 사상가인 키케로는 문화에 '쿨투라 아니미 cul-
tura animi' 즉 영혼의 경작이라는 표현을 썼지만, 우리 시
대 문화, 특히 미디어 문화는 일상의 오락과 놀이가 대부
분이다. 현재의 다양한 미디어는 그것을 매개하고 대신
하는 기능을 가진다. 그것은 시대와 장소에 따라 다르다.

우리 시대 한국 사회에서는 어떤 미디어가 오락과 놀이의 일상을 점하고 있을까. 여기에 영화는 빠지지 않을 것이다. 특히 우리 사회에서 영화는 위 첫 문장의 표현이 어색하지 않다. 허구와 현실 사이를 오가는 영화. 한국의 영화는 그렇다. 그래서 재미있다. 사실 우리 사회에서 어떤 문화적 오락 거리도 영화만큼 폭넓은 소비층을 가진 것은 드물다. 한국산 영화에 대한 관심도 지속해서 증가해왔다. 최근 그 상황은 천만 영화로 확인되고 있다. 한국 영화의 천만 시대. 인구의 1/5이 영화를 보는 사회. 외국 영화보다 국산 영화가 더 인기 있는 곳. 할리우드 스타들이 개봉 영화 홍보를 위해 한국을 찾는 상황이 연출되는 곳이 지금의 우리 사회다.

한국의 미디어 문화를 십 년 넘게 꾸준히 연구해온 한국미디어문화학회는 21세기 미디어 문화의 성격과 트렌드를 학술적으로 분석하고 발표하는 일을 해왔다. 특히 미디어 이론과 대표적 미디어 이론가들의 사상을 학술적으로 정확하게 분석하는 일에 기여해왔다고 자부한다. 하지만 우리의 연구 결과물들을 학회 학술잡지의 형태로

발행하지는 말자는 학회 설립의 취지를 살리기 위해 회원 각자의 연구는 개별 논문과 저서의 형태로만 발표되었고, 학회 차원에서는 공동의 저술과 역서를 내는 사업을 해왔다. 우리 학회는 현재 공동 저술 시리즈와 역서 시리즈를 내는 사업을 추진하고 있으며, 시간이 걸리더라도 미디어와 문화에 관한 대표적인 학술서와 역서들이 시리즈로 간행될 수 있게 할 것이다.

학술서와 역서 시리즈의 간행 사업은 어쩔 수 없이 시간이 걸리기 때문에 변화하는 한국의 미디어 문화의 지형을 살펴보는 일에는 적합하지 않은 것도 사실이다. 그 임무를 놓치지 않기 위해 우리 학회는 비교적 소수의 인원이 참여하는 월례회 형식의 모임을 가져왔다. 월례회는 해마다 정기적으로 개최되는 우리 학회의 학술대회와는 별개로 자주 쉽게 모여 집중적으로 미디어 문화 관련 주제를 연구할 수 있게 만들었다. 이 월례회를 통해 이번에 시도하는 사업이 영화평론 시리즈를 간행하는 것이다.

영화평론 시리즈의 기본 형식은 한국의 천만 영화를 주목하고 이것들을 중심으로 영화 한 편당 하나의 영화

평론서를 내는 데 있다. 다양한 영화들에 대한 평론을 담은 평론들 위주의 저술이 아닌, 한 편의 영화에 대한 다양한 시각의 평론을 담아 특정 영화 중심의 평론이 되게 했다. 이런 취지에서 영화 평론 시리즈의 이름을 '천만 영화를 해부하다'로 정하게 되었다. 여기서 천만 영화라는 표현은 단순히 숫자상 천만을 의미하는 것이 아니라 대중의 집중적인 주목을 받은 영화를 의미한다. 비록 관객 수가 천만에 미치지 못하더라도 우리 사회에서 그만큼의 주목을 불러일으켰다면 이 시리즈의 범주에 넣기로 했다.

이제 그 첫 작품으로 2016년 한국 대중을 달군 영화 〈내부자들〉을 택했다. 영화 〈내부자들〉은 단순한 오락 거리로서의 영화가 아닌 우리 사회 현실을 정확히 풍자하는 영화로 대중에게 인식되었기에 더욱 열렬한, 스캔들적 관심을 불러일으켰다. 이 영화가 보여 주었던 우리 사회 권력과 돈, 정경유착, 권력과 언론의 유착, 금수저와 흙수저, 자본주의 계층의 1%와 99%의 모습, 민중은 개, 돼지 등등. 불행하게도 이것은 지금도 여전히 사실이며, 최근 숨 가쁘게 이어졌고 여전히 진행형인 일련의 사건들인,

촛불 집회와 대통령 탄핵 정국, 권력과 대기업 총수의 모습, 그리고 정치인들의 여전한 권력욕 등등을 보면 더욱 그렇다. 민중이 개, 돼지인지 희망의 촛불인지는 우리 사회의 개개인들이 스스로 선택할 문제다. 영화〈내부자들〉의 이 평론집과 '천만 영화를 해부하다' 시리즈도 그 점에 주목하고 나름의 기여를 하고자 한다.

'천만 영화를 해부하다' 시리즈는 앞으로 한국 영화에 대한 영화 미학적 분석은 물론, 우리 사회 대중문화의 지형도와 그것의 변화를, 그리고 이를 통해 한국의 현실을 한눈에 포착하고 그 일면을 읽을 수 있게 해줄 것이다. 독자들도 우리의 이런 취지를 이해하고 공감해주기를 기대해본다.

어려운 출판 시장에서도 흔쾌히 이 시리즈가 간행될 수 있게 해준 도서출판 월인의 박성복 사장님과 한병순 이사님께 감사를 드린다. 무엇보다 이 영화평론 시리즈를 기다리고 있을 우리 학회의 모든 회원들과 독자들의 기대에 부응할 수 있기를 기원해 본다. 물론 이런저런 오류나 실수가 발견되면 언제라도 수정할 것이며, 독자들의 기대에 미치지 못하는 부분이 있다면 다음의 영화 평론에서는 보완할 것임을 미리 약속드린다. 부디 이번 글에 강호제현과 독자들의 관심과 질정이 있기를, 앞으로 계속될 '천만 영화를 해부하다' 시리즈에도 그것이 이어지기를 바란다.

필자들을 대신해서<br>한국미디어문화학회 회장 조우호

우민호 감독의
말

한국 사회가 갈수록 병들어간다는 신호 중 하나는 정재계의 유착과 비리를 다룬 대중문화 콘텐츠가 유독 많이, 그리고 자주 생산된다는 점일 것이다. 최근 들어서는 일종의 '트렌드'라 해도 무방할 만큼 그 수가 늘어났으니, 그만큼 수요가 큰 시장이라는 방증이다. 때문에 〈내부자들〉이라는 영화의 성패는 엇비슷한 내용을 가진 기존 콘텐츠들과 어떤 차별화 포인트를 지녔느냐에 달려 있었는데, 이 영화가 거둔 미약하나마 약간의 의미있는 성취가 있다면 그건 바로 그 지독하게 끈끈하고도 견고한 부패의 카르텔에서 언론, 즉 미디어의 역할을 대중들에게 부각시킨 점이 아닌가 싶다. 비슷한 논조를 가진 대중문화 콘텐츠에서 흔히 언론은 권력의 하수인, 권력에 기생해 이득을 취하는 '수동적인 하부 구조(?)' 정도로 다루어지는 경향이 있어왔다. 하지만 본격적인 미디어 전쟁의 시대로 일컬어지는 지금, 교묘한 언어유희와 프레임의 왜곡을 통해 국민이 아닌 자신들의 이익과 기득권을 도모하는 정보를 끝없이 발신해온 일부 거대 언론이야말로 그 부패의 핵심이자 설계자일 것이다. 〈내부자들〉은 바로 그런 문제의식으로부터 출발한 영화다. 바야흐로 기만이 극에 달한 시대. 대통령이 비선실세를 등에 업은 채 국정을 농단하고 재벌들은 그 균열을 이용해 노동자들의 권익을 침해하는 대신 사익을 극대화할 획책을 도모하고 정치인들은 그 모든 사실을 어쩌면 미리 파악했으면서도 집권 여당이 되기 위해 그 모든 비리들에 짐짓 눈을 감았다. 그러나 언론이 그 본

연의 역할을 제대로 수행했다면 과연 지금까지와 같은 일련의 괴이한 사태들이 일어날 수 있었을까?

흔히 영화는 영화일 뿐이라고들 한다. 그러나 예술의 한 장르이기에 앞서, 영화 역시 방송이나 신문처럼 나름의 주관과 시각으로 메시지를 전하는 미디어로 기능하는 것이 사실이다. 그렇기에 올바른 메시지를 발신하는 메신저로서의 역할은 특히 대중 예술로서의 영화가 지닌 장르적 특수성이자 미적 윤리라는 것이 평소의 생각이기도 하다. 〈내부자들〉이 과연 그 역할을 제대로 수행해냈는가에 대해서는 관객마다 각기 다른 평가를 내리실 테지만 분명 '미디어로서의 영화'라는 주제는 한번쯤 논의가 되어봄직한 테마라는 생각이며, 그런 점에서 부족한 면이 많은 작품인 〈내부자들〉을 텍스트로 삼아 다양한 이론을 전개해주신 한국미디어문화학회에 감사의 뜻을 보낸다.

# 차
# 례

# &lt;내부자들: 디 오리지널&gt;의 내부자와
# 한국사회 권력의 구조 방정식

## 조우호

영화 &lt;내부자들&gt;은 한국 사회 권력의 내부 구조 방정식을

적나라하게 보여주고 있다. 그것은 직선적 일차방정식이다.

우리 사회에서 권력의 획득에 필요한 요소들만 대입하면

어떤 변형이나 예외도 없이 간단히 해답이 도출되는 방정식.

우리 사회 권력의 방정식은 예외가 없다.

## 한국사회 내부의 민낯

조국일보의 논설주간 이강희가 그의 사무실에서 전화를
받고 있다. 화면에는 그의 모습보다 창 너머로 청와대가
멀리서 뚜렷이 보인다. 한국에서 권력의 핵심이자 권력의
본질을 보여주는 청와대는 이 영화가 한국의 권력에 대한

이야기를 하고자 한다는 의도를 확실히 보여준다. 이강희 (백윤식 분)는 우리 사회 권력의 생리에 대해 꿰고 있는 인물이다. 언론과 정치 그리고 재계가 권력이라는 코드를 매개로 그들만의 리그를 펼치고 있는 곳이 우리 사회다. 그들 리그의 주전 선수 이강희는 그 코드를 어떻게 연결하는지 잘 알고 있는 유능한 플레이어다. 언론이라는 팀에 소속되어 있는 그는 게임의 룰을 잘 알고 있다.

"우리 신문은 그렇죠 (…) 회사에 반하는 글을 쓸 수 있나요"

그는 신문사 회의에서 줄곧 같은 취지의 말을 반복하고 있다. 신문사의 방침은 무엇일까. 당연히 경제적 생존이다. 수개월 치 무료 구독과 사은품까지 주는 한국의 신문 판매 시장에서 신문사가 신문을 팔아 경제적 이익을 남기는 것이 아니라는 것은 누구나 알고 있다. 신문사의 생존은 광고에 있다. '미래차 광고가 없으면 조국일보도 없다'라거나, '우리의 생존을 위해 미래차를 지킨다'는 이강희의 발언은 우리 사회의 왜곡된 신문 시장의 민낯과 유력 신문사의 생존 방정식을 여실히 보여준다.

이강희의 발언은 게임의 룰 중의 하나를 알려준다. 소속 회사에 충실한 하수인이 되는 것, 절대로 자기 자신만의 독불장군이 되지 않는 것. 조직을 무시하거나 조직을 떠나 개인플레이를 하는 선수는 물론, 조직의 내부를 노출시켜 조직을 위태롭게 할 수 있는 선수도 가차 없이 제거하는 것이 암묵적 룰이다.

한결은행의 전(前)은행장 석명관이 그런 인물이다. 그는 조직의 내부자들을 외부에 알릴 위험이 있는 심약한 선수였고, 조직은 그것을 간파하고 그를 제거한다. 그는 검찰 조사를 받는 도중 투신해 죽고 만다. 그의 위치는 그들 리그의 핵심은 아니지만 중견 선수라 할 수 있다. 만약 그가 버티지 못하고 자백하면 조직이 위태로울 수밖에 없다. 그가 검찰 조사를 받기 위해 들어가자, 조직은 그럴 가능성을 간파하고 그에게 불리한 미끼 자료(성접대를 받은 동영상)를 고의로 유출한다. 수치심에 쌓인 피의자는 조사 도중 자포자기의 심정으로 스스로 목숨을 끊는다. 조직이 자살을 유도한 것이다. 석명관이 죽기 직전 마치 일기예보 하듯 그의 자살에 관한 논설을 쓰는 이강희의 모습에서 관객들은 그것을 확인할 수 있다.

　이강희가 속한 권력 조직의 보스는 누굴까? 미래자동차 회장 오현수가 그 인물이다. 그가 석명관의 죽음을 지시하는 듯 "그놈(석명관) 안됐지만 어떡하겠노"라는 말을 좌중 내부자들에게 하고, 그 후에 석명관이 죽는다. 오현수 회장은 장필우, 이강희가 참석하는 핵심 내부자들의 모임에서 항상 중심에 앉아 모임을 주도하는 내부자들의 회장처럼 보인다.

　오현수는 영화 줄거리로 보면 유력 대선주자인 신정당 장필우 의원의 비공식적 대권후원모임의 회장 혹은 좌장 같은 역할을 한다. 영화에서 적어도 그 핵심 내부자들의 모임은 대단히 사적으로 보여 공식적, 공개적 장필우 후원 모임으로는 볼 수 없다. 또한 이 내부자들의 모임에서 장필우는 가장 중심인물도 아니다. 그는 권력을 잡고 유지하기 위한 조직의 수단일 뿐이다. 다시 말해 그는 오현수 조직 혹은 구단의 주전 선수로 사용되는 것이지, 조직의 보스 혹은 구단주가 될 수 없다. 장필우도 그 점을 알고 있다. 그가 오현수의 방탕한 모임에 회장님을 찾아 충실히 참여하는 것도 그 이유 때문이다.


## 내부자의 의미

영화의 제목으로도 사용되는 '내부자'의 의미는 무엇일까? 내부자란 표현은 대단히 중요하게 보인다. 일단 제목으로 사용되고 있지만 단순히 제목 이상의 의미를 함축한다고 봐야 한다. 줄거리로 보면 내부자는 우선 내부 고발자를 말한다. 조직 내부의 비리를 알 수 있는 가장 일반적인 방법은 내부 고발자를 통해서다. 그렇지 않으면 조직 내부의 은밀한 비리를 알 수 있는 방법이 드물다. 그래서 적지 않은 나라에서는 내부 고발자 보호법을 두고 있다. 한국도 마찬가지다. 하지만 이런 법이 실제로 내부 고발자들을 보호할 수 있게 합리적으로 정비되어 있는지, 그 법이 잘 적용되고 있는지는 알 수 없다. 그렇지 않은 경우가 더 흔할 수 있다. 특히 내부 사람들이 비리의 카르텔로 담합을 하면 내부의 고발자가 생길 수 없고, 혹 있더라도 그 고발은 무력화되기에 십상이다. 결국 내부의 비리는 묻히고 만다. 그래서 필요한 것이 확실한 증거 자료다. 이 영화에서 동영상 자료가 그 증거로 사용되는 이유가 여기에 있다. 우장훈 검사(조승우 분)가 오현수 모임의 비리를 캐기 위해 사용하는 가장 간단하고 강력한 증거도 성 접대 동영상이었다. 그가 스스로 내부로 들어가서, 즉 내부자가 되어 은밀하게 찍은 그 동영상은 모든 사건을 해결하는 황금열쇠였다.

우장훈이 조직의 내부로 들어간 행위를 살펴보자. 그 행위는 내부자의 의미와 관련해서 이중 의미를 담고 있다. 이미 언급했듯이 내부 고발자가 되는 것이 그 첫째 의미인 것은 명백하다. 하지만 그가 내부 고발자가 되고자 했던 것은 어떤 맥락이었던가? 그는 말단 경찰이 되어 열심히 일하지만, 경찰대 출신이 아니라고 차별 대우를 받자 경찰을 그만두고 사법고시를 준비한다. 고시에 합격해서 대한민국의 검사가 되지만, 명문대가 아닌 지방대 출신이라 역시 '족보'가 없다는 이유로 검찰에서도 인정을 받지 못한다. 그가 족보 있는 검사였다면 요직으로 승진을 거듭해서 권력의 핵심에 있을 수도 있었겠지만 족보 없는 검사에게는 그런 기회가 주어지지 않았다. 그저 상부에서 시키는 대로 현장에서 물고 뜯고 하는 조직의 '개'일 뿐이었다. 하지만 조직의 핵심에서 보면 우장훈이 그들에게 낄 수 없는 것은 당연하다. 그에게는 조직의 내부에 들어갈 수 있는 통행증이라 할 수 있는 족보가 없다. 그저 일개 평검사라는 것 외에 그는 '지 혼자 잘난' 검사일 뿐이다. 따라서 권력 내부의 룰도 모른다.

우장훈 검사가 족보가 없음을 한탄하는 것은 내부자의 또 다른 의미를 알려준다. 즉, 권력의 핵심은 '권력의 내부자'임을 보여준다. 한국 사회에서 권력이 있는 모든 집단의 내부자들은 권력의 비밀 카르텔을 이루고 있다. 가령 한국 사회 권력의 성격을 그대로 형상화한 조직이 오현수를 주축으로 한 비선 모임의 내부자들이다. 그곳에는 검사 출신 국회의원 장필우와 그를 검사에서 국회의원으로 키워준 주요 신문사 논설위원 이강희가 고정 멤버, 즉 조직의 내부자다. 그리고 그들을 후원하는 오현수가 중심에 있다. 여기에 한국 권력의 중심인 청와대의 민정

수석도 신입 회원으로 가담한다. 오현수, 장필우, 이강희 그리고 청와대 민정수석의 지위는 대한민국에서 권력조직의 내부자가 될 수 있는 기본 자격조건을 보여준다. 대한민국에서 인정받는 출신과 성분 증명서인 족보, 언론과 대기업의 후원, 청와대 민정수석만큼의 지위나 영향력 그리고 그보다 더 중요한, 그들만의 카르텔을 이루고자 하는 욕망, 권력욕이 그것이다. 사실 족보 없는 평검사 우장훈도 그 내부자가 되기 위해 분투하는 셈이었고, 영화의 사건들은 그 과정을 보여주고 있을 뿐이다. 그의 욕망의 종착역은 정의가 아닌 권력의 핵심이었다.

## 권력의 구조 방정식

주인공 안상구(이병헌 분)를 너무 소외시켰다. 그는 전라도 출신 깡패다. 권력과 돈에 빌붙어서 먹고사는 행동대장. 당연 족보가 있을 리 없고 우리 사회에서 정식으로 출세할 수도 없다. 그를 지방에서 상경시켜 행동대장으로 키운 이는 이강희. 이강희는 다양한 사람들을 키운다. 그렇다고 안상구를 권력자로 키우지는 않는다. 그는 단지 폭력이 필요할 때 이용할 수 있는 수단, 물라면 무는 한 마리 개일 뿐이다. 하지만 이강희는 그에게서 생존을 위한 기민함도 본다. 이강희가 그를 보고 내뱉은 '여우 같은 곰'이란 표현이 그 점을 잘 알려준다.

영리한 깡패 안상구가 내부자가 될 수 없다는 사실은 당연하다. 하지만 그 자신도 원래 권력에는 관심이 없다. 그가 내부에 관심을 둔 것은 자신이 내부자들에게 이용만 당하고 버려진다는 사실과 내부자들은 그를 인간이 아닌 그저 훈련된 투견으로 본다는 사실을 깨달았을 때부터다. 그는 자신을 이용하고 버린 사람이 그때까지 자신이 형님이라 불렀던 이강희라는 사실을 알고 분노한다. 그의 분노는 그의 애인이 죽고 자신은 정치깡패, 살인자라는 누명을 뒤집어쓰고 마침내 손목까지 잘리게 되면서 절정에 이른다. 그가 손목을 잘린 것은 내부자 주인의 명령을 듣지 않고 반항을 했기 때문이다. 그의 손목 절단은 정의의 절단과 같다. 그는 자신을 내부자들의 개가 아닌 내부자의 측근이라 생각했다. 착각이었다. 손목이 절단된 그가 '복수 같은 달달한 것은 너무 낭만적이라 나는 정의를 원한다'라고 한 말은 이 작품을 그저 깡패 영화가 아닌, 한국 사회 내부자들과 그들의 권력의 모습을 고발하는 영화라 평가할 수 있게 해준다.

그렇다고 이 영화에서 정의와 복수의 경계가 분명하다고 할 수도 없다. 대한민국의 정의를 위해 자신에게 협조하라는 우장훈 검사에게 안상구가 "정의라는 달달한 것, 대한민국에 아직 그런 게 남아 있는가."라는 말을 던지는 것을 보면, 그에게 복수와 정의는 '달달한 것'으로 통하기 때문이다. 검사와 깡패. 이 결합은 한국 영화에서 낯설지 않은 소재다. 검사와 깡패를 연결해도 어색하지 않은 것은 우리 사회에서 정의가 없다는 사실을 누구나 느끼기 때문이다. 많은 이들은 정의를 실현해야 할 검사의 공권력이 권력을 유지하는 도구로, 혹은 개인적 권력의 수단으로 전락해버린 현실을 목격한다. 사유화된 공권력은 사적인 폭력과 다를 바가 없다. 그래서 깡패와 연결된다. 검사와 깡패의 연결이 자연스럽게 보이는 사회는 '정의가 없다'는 거창한 말보다는 그냥 썩은 사회다.

권력과 폭력이 연결되는 방정식은 프랑스 철학자 미셸 푸코의 섬세하고 정밀한 역사적 분석을 통해 잘 알려졌다. 하지만 영화 〈내부자들〉에서는 단순하고 거칠게 표현된다. 그들의 말을 정리해보자. 권력은 '너나 나나 우리가 쫓는 것'이며, 권력을 얻을 수 있는 정치란 '국가의 생존, 국민의 생존 그리고 나의 생존'이다. 요컨대 권력은 생존을 위해 누구나 추구하는 것이다. 이런 권력은 정의를 통해 포장되고, 이렇게 포장된 정의는 정의라는 미명으로 언제나 복수의 칼로 사용될 수 있다. 이런 복수는 폭력과 다를 바 없다. 즉 권력 혹은 정치를 통해 획득한 생존 기술로서 권력은 결국 폭력으로 귀결된다는 말이다.

영화 〈내부자들〉은 이와 같이 한국 사회 권력의 내부 구조 방정식을 적나라하게 보여주고 있다. 그것은 직선적 일차방정식이다. 우리 사회에서 권력의 획득에 필요한 요소들만 대입하면 어떤 변형이나 예외도 없이 간단히 해답이 도출되는 방정식. 우리 사회 권력의 방정식은 예외가 없다. 〈내부자들〉의 인물과 소재가 상투적 클리쉐 구조를 보이는 것은 이와 유관하다. 경상도 권력, 전라도 조폭, 재벌과 대권후보, 언론, 학연과 지연, 검사와 깡패 등등. 클리쉐는 관객에게 대리 만족의 카타르시스를 줄 수 있지만, 이러한 상투성이 진실의 모든 모습을 보여주지는 못한다. 〈내부자들〉의 내부 구조의 약점이기도 하다.

**조우호**  현재 덕성여자대학교 독어독문학과 교수이다. 또한 한국미디어문화학회 회장이자 일간지 『헤럴드경제』의 고정 칼럼니스트로 활동하고 있다. 독일문학, 문화학, 경제학, 자연과학에 관련되는 많은 논문을 발표했다. 대표적인 논문으로 「괴테와 자본주의 사상」, 「18세기 후반에서 19세기 초까지의 독일문학을 중심으로 한 인문학적 통합지식의 패러다임 연구」, 「괴테의 『색채론』에 나타난 자연과학 방법론」, 「문학에 투영된 경제관」, 「문예궁정과 문화정책」. 저서로는 『문학의 탈경계와 상호예술성』(공저, 2009), 번역서로는 『책. 사람이 읽어야 할 모든 것』(2003), 『빌헬름 마이스터의 편력시대』(공역, 1999) 등이 있다.

# <내부자들>과 미디어 효과

## 유봉근

사진이나 동영상 파일을 제작, 취급, 보관, 운반,

유통하는 질서는 법적으로 엄격하게 통제를 받는다. 이러한 가운데

내부자들이 쳐놓은 그물을 벗어나고자 한다면

사실대로 폭로하는 미디어 스펙터클 효과를 활용해야 한다.

방법은 위법이지만 내용은 공익적일 수 있다.

미디어와 권력은 가끔은 대립하지만 보통은 공모관계를 유지한다.

## 도구 또는 무기

벤야민은 카메라를 이용하여 영화를 제작하는 감독을 집도한 의사에 비유한 적이 있다. 외과의사가 수술을 통하여 환부를 도려내고 병든 환자의 건강을 회복시켜줄 수 있다면, 영화감독은 우리가 살아가는 사회의 아픈 부위를 촬영하여 병든 사회를 치유의 길로 이끌 수 있다는 의미일 것이다. 펜으로 글을 쓰는 행위가 칼보다 우월하다고 과시하던 시대가 있었다. 〈내부자들〉에서 신문사 논설주간은 연필로 글을 쓰는 습관을 유지하면서 자신의 무기로 세상의 흐름을 규정하고 싶어 한다. 카메라와 녹음기, 비자금 문건과 동영상 파일, 칼과 망치, 연필이나 골프채는 세상을 치유하는 도구로 사용될 수 있지만, 개인의 욕망을 위해 타자를 공격하는 무기로 오용될 수 있다. 카메라가 향하는 방향으로 대중의 시선이 집중되는 시대가 되었다. 플래시와 셔터가 찰칵거리고, 마이크 앞에 선 주인공이 뭔가를 주장하는 모습에서 긴장감과 열기가 뿜어져 나온다. 〈내부자들〉은 기자회견 장면으로 시작하면서 미디어의 내부를 스스로 드러내어 보여준다. 또한 미디어들 간의 각축과 그 결과물들을 시각화한다. 비밀정보가 담긴 문건의 내용이 신문과 TV와 소셜 네트워크를 통해 전파된다. 문건이 담고 있는 내용에 엮인 사람들은 미디어 권력의 의지와 사건의 확장 가능성에 의존한다. 권력의 내부자들은 얼마만큼은 미디어의 하수인이 되어가고 있다.

영화 〈내부자들〉은 온갖 미디어의 특성, 미디어 스펙터클, 미디어 효과에 관한 이야기로 채워져 있다.

윤태호의 『내부자들 1』(씨네21북스, 2012)은 한국사회에서 권력의 외부와 내부를 구별하는 하나의 준거를 제공한다. 작가의 미완성 웹툰은 카메라의 막강한 능력을 체득한 우민호 감독에 의해 영화를 위한 시나리오로 옮겨진다. 원작에 등장하는 프리랜서 다큐 사진작가 이상업을 삭제하고, 원작에 없는 시골 출신 검사 인물을 추가하여 관객을 유혹한다. "우리가 찍는 사진은 생각보다 훨씬 강력하게 오해될 수 있다"[1]는 주장은 작품 속 사진작가의 생각으로 포장되어 있지만, 이것은 웹툰 작가의 인식에 기반하며, 영화감독이 충분히 공감하는 부분일 것이다. 사진과 영화는 강력하게 오해될 수 있지만, 사진가와 감독은 공동으로 긍정적 효과를 발산하는 작품을 위해 힘을 합한다. 촬영이 시작되고 편집본이 완성되기까지 우민

---

[1]  윤태호, 『내부자들 1』, 씨네21북스, 2012.

호의 〈내부자들〉은 비교적 빠른 속도로 진행된다. 촬영이 끝나고 극장에서 관객을 만나기까지 시간이 지연된 이유에 대하여 영화는 스스로 말하지 않는다. 사진과 영상 이미지의 세계에는 언제나 무엇인가 오해되고, 이해를 위해 엄밀하게 분석하고 보충 설명해야 하는 부분이 존재한다.

## 이미지의 금지와 허용

영화감독은 카메라를 조종하는 일에 최종적인 책임을 진다. 원작자가 대상화한 한국사회에 대한 진단에 공감하고 의기투합한 감독은 마치 망치로 내려치거나 톱질할 부위를 지시하듯 촬영장에서 카메라의 퍼스펙티브를 교정해주었을 것이다. 스크린에 걸린 〈내부자들〉에 대한 수용과 평가는 관객의 몫이다. 각기 다른 장면들이 관객들의 기억 속으로 침투하여 잔상 효과를 남긴다. 〈내부자들〉 장면 가운데 비교적 오랜 잔상으로 남아있는 이미지들이 있으며, 이들은 때로는 칼이나 망치와도 같은 기능을 수행하면서 이해와 오해 사이를 오간다. 오른손을 자르는 두 번의 잔인한 장면과 내부자들의 비밀회합 장소에서 벌어지는 사건들을 문제의 장면으로 만들어야 대중의 관심을 집중시킬 수 있다. 영화가 보여주는 나체 파티는 윤태호의 원작을 가장 충실하게 영상화한 장면 가운데 하나로 꼽힐 것이다. 부적절한 장면이 찍힌 영상들을 함부로 전파하거나 유통하는 행위는 불법으로 규정되어 있다.[2] 내용으로 보면 이미 많은 소설, 사진, 만화, 영화 또는 동영상 클립으로 접할 수 있었던, 익숙하지만 불편한 장면들이다. 이들 때문에 〈내부자들〉은 청소년 관람불가이다. 처음부터 성인을 위한 영화로 계획되었기 때문일까. 영화등급에 관한 한 감독은 이의를 제기하지 않는다. 그러나 성인영화라고 해서 오직 성인들만을 만나는 것은 아니다. 내부자들끼리의 장면과 중요 대사들은 금지영역을 넘어선다. 영상 속 이야기의 자초지종은 일상적 삶의 모든

2  정보통신망이용촉진 및 정보보호 등에 관한 법률 제65조, 형법 제243조.

영역으로 쉽게 침투한다. 가정으로, 학교 교실로, 신문사의 기자실로, 방송국의 작가들에게로 퍼져나간다. 모두를 위한 성인영화가 가능해지는 것이다. 가족구성원이 함께 거실에서 TV를 시청하기 시작하면서 조숙한 어린이들로 성장하게 되었고, 영상 파일 다운로드와 초고속 전송이 가능해지면서 영화 등급분류 효과가 현저하게 감쇄되는 것으로 보인다. 영상문화의 시대에는 영상미디어에 능숙한 사람이 적자(適者)가 된다.


## 미디어 효과

특정한 지식, 정보, 자료들은 등급에 따라 접근의 허용 여부가 결정된다. 우리는 합법과 불법의 기준이 법이 정하는 바에 따라 차별적으로 적용되는 불평등한 사회에 살고 있다. 작가와 감독이 염두에 두고 있는 내부자들과 외부자들을 구분하는 기준에 따라, 회합하는 비밀장소에 동참할 수 있는 사람들, 비밀장소에 근접해 있지만 결국에는 동참하지 못하는 경계인들, 그리고 애초부터 먼 나라 이야기로 여길 수밖에 없는 외부자들이 구별된다. 국회의원, 논설주간, 기업의 회장이 속하는 집단과 그들을 충성스럽게 돕는 조력자 그룹, 그리고 그 어느 곳에도 속하지 않는 집단들이 구분된다. 권력이나 돈의 유무에 따라 계급을 분류하는 일은 법에도 없고 평등의 원칙에도 맞지 않는다. 이런 사실을 모르는 사람은 없다. 그러나 외부자들은 경계인과 내부자들과 구별되는 대중이라는 부류에 속하며 차별받는다. 내부자들과 외부자들은 현실 안에 존재하는 비가시적인 벽을 인정해야 한다. 대중에 대한 영화 속 비하적인 표현들은 이미지와 결합하여 관객의 기억 속에 안전하게 보관된다. 영화의 효과는 마법사의 손짓처럼 비밀스럽기까지 하다. 미디어를 효과적으로 다루는 능력과 그 파급 효과를 분석하는 과정을 과소평가해서는 안 된다.

오늘날 지식, 정보와 자료는 문자로, 음성으로, 사진 또는 동영상으로 저장, 보관, 유통된다. 에디슨 이후 대화를 녹음하거나, 다게르와 뤼미에르 형제 이후 의미 있는 장면들을 사진 또는 영상으로 기록하는 것이 가능해졌다. 이들 테크놀로지들은 합종연횡 또는 이종결합하여 라디오, 텔레비전, 컴퓨터, 인터넷, 로봇, 스마트폰 등으로 진화한다. 영화 〈내부자들〉에서는 지식과 정보를 수집하고 전하는 테크놀로지 미디어가 특별한 기능을 다하는 모습으로 시각화된다.

〈내부자들〉에서 내부자들을 고발하는 두 번의 미디어 이벤트(기자회견)가 나온다. 깡패조직을 이끄는 안상구의 기자회견과 중수부에서 수사를 지휘하는 현직 검사의 기자회견이다. 영화 속의 사건들은 대부분 두 번의 기자회견을 보충하여 설명하기 위해 설정된 것으로 보인다. 내부조직에서 일어나는 불법과 비리 사실을 공개할 것인가, 아니면 비밀로 남겨두어야 할 것인가를 판단하는 문제가 이야기 전개에 중요한 고리로 작용한다. 비자금 파일, 녹음된 음성 파일, 사진이나 동영상 파일을 제작, 취급, 보관, 운반, 유통하는 질서는 법적으로 엄격하게 통제를 받는다. 이러한 가운데 내부자들이 쳐놓은 그물을 벗어나고자 한다면 사실대로 폭로하는 미디어 스펙터클 효과를 활용해야 한다. 방법은 위법이지만 내용은 공익적일 수 있다. 미디어와 권력은 가끔은 대립하지만 보통은 공모관계를 유지한다. 이들은 승자와 패자를 구분하는 판결에 은밀하게 능동적으로 개입한다. 영화는 비리 문건을 확보해서 공개하는 안상구의 기자회견보다, 동영상의 힘을 활용하는 우장훈의 폭로 이벤트가 더욱 효과적임을 확인하고자 한다.

내부 고발의 공익적인 효과가 크니 누구나 쉽게 고발할 수 있도록 허용해야 한다는 주장과, 불법적인 방식으로 취득한 자료와 정보를 악용하여 상대를 공격하는 행위는 엄격하게 처벌받아야 한다는 주장이 팽팽하게 맞선다. 내부 고발을 통하여 우리 사회는 발전해왔고, 더욱 건강해질 수 있다는 주장도 어느 정도는 옳다. 세부사항을 규정하는 법조문이 존재한다고 해서 완벽한 통제와 정의가 실현되는 것도 아니다. 근본적인 문제에 대한 해결책은 아직은 없다. 법 제도가 갖는 원천적인 불합리와 모순과 관련하여 우리는 카프카의 단편소설 「법 앞에서」의 교훈을 마음에 새겨둘 필요가 있다.

## 한 편의 영화

영화는 우리들 대부분이 내부자가 아니라는 사실을 일깨워준다. 외부자인 타자에 속하는 관객들에게 내부의 속사정을 보여주겠다는 유혹에 천만 가까운 관객들이 입장료를 지불했다. 영화와 소설은 사실을 가장한 허구이기 때문에 허황된 유혹에 대한 법적 책임을 묻기는 어렵다.

　　모든 삶은 한 편의 소설로 옮겨질 수 있다는 믿음이 보편적이던 시대가 있었다. 오늘날에는 한 편의 영화를 기획하고 시나리오를 쓰고 촬영하고 편집하여 완성하는 행위의 총체로 비유하는 것이 보편성을 얻어간다. 현실에서 발생하는 사건들은 오히려 영화 속의 장면들을 닮아가고 있다. 누구나 자신이 수행하는 배역의 관점에서 다른 시나리오를 써내려갈 수 있다. 이강희는 지배 권력의 유희성을 강조하는 오락물을 추구한다. 안상구는 돈과 권력에 대항하는 지독한 복수극을 만들고 싶어 한다. 우장훈은 안상구의 도움을 받아 권력의 결탁관계를 파헤치는 음모극을 완성하고 싶어 한다. 우민호는 투자자들의 간

절한 요청을 거스르기 어려워 스릴러/범죄영화를 내놓았다. 그러나 2015년 12월 31일에 감독이 간절하게 원하던 〈내부자들: 디 오리지널〉을 오픈했다. 감독판은 더욱 디테일한 미디어 효과들로 채워진 또 다른 폭로극이다. 합법과 불법, 신뢰와 불신, 복종과 반역, 권력과 언론, 내부자들과 타인들 사이에 얽힌 사건들의 맥락들을 좀 더 쉽게 이해할 수 있도록 관객 친화적인 내용을 제공했다. 한 편의 소설을 꿈꾸던 시대에서, 각자 시나리오를 완성하고 영화 한 편 할 수 있는 시대로 나아가고 있다.

〈내부자들〉은 우민호가 날을 갈아놓은 수술용 칼의 산물이다. 감독이 겨냥하는 내부자들은 청년 김지하가 지칭한 '오적(五賊)'들과 많은 부분이 중첩된다. 내부자들 또는 오적들은 수술대 체험을 통하여 왜곡된 인식의 건강성을 스스로 회복할 수 있는 기제로 삼을 수 있어야 한다. 일전에 고위직 공무원 한 분이 대중을 오해하는 인식의 내면을 취중에 드러낸 적이 있었다. 내부자들 내면의 한 파편이 구체적인 모습을 드러내어도 외부자들은 두려워하지 않는다. 저들의 폭압적 인식을 도려내고 치유해야 한다는 공감대는 빠르게 형성된다. 결국 권력은 사회적 공감대에 굴복하기에 이른다. 기술미디어는 중요한 것을 암시하거나 지시하는 일로 만족해서는 안 된다. 법보다 더 공정한 판단을 실행하는 기관으로 진보해야 한다. 이해와 오해가 동시에 가능한 이미지의 막강한 영향력이 선순환 구조를 완성해야 한다. 아르놀트 하우저(Arnold hauser)가 예언했던 영화의 시대에, 대중은 더 예리한 칼의 산물, 더 효과적인 수술, 더 진전된 방식의 치유가 가능한 또 다른 영화에 기대를 걸고 있다.

**유봉근** 현재 연세대학교 미디어아트연구소 전문연구원이다. 연세대학교 독문과를 졸업하고 베를린 훔볼트대학교에서 에.테.아. 호프만 연구로 박사학위를 취득했다. 대학에서 '매체와 예술', '문화예술의 이해', '교양철학' 등을 가르치며, 문화 분석과 미디어이론에 관심을 갖고 연구를 하고 있다. 『수행성과 매체성, 21세기 인문학의 쟁점』(2012), 『도박하는 인간』(2016) 등의 책을 공동 저술했으며, 『예술, 매개, 미학』(2014), 『보는 눈의 여덟 가지 얼굴 - 시각과 문화』(2015) 등의 책을 공동 번역했다. 키틀러의 '매체이론', 백남준의 '미디어아트', 레만의 '포스트드라마', 프리츠 랑의 <도박사 마부제 박사>, 미하엘 하네케의 <아무르>에 관한 논문을 썼다.

# &lt;내부자들: 디 오리지널&gt;, 기억의 투쟁

**김형래**

영화는 나의 기억을 형성하기도 하고 집단적 기억을 형성하기도 한다.

관객들이 사극이나 시대물에 열렬히 환호하는 것은 그것들이 그만큼 관객의 기억에 호소하고,

관객의 기억을 환기시키기 때문일 것이다. 우리 모두가 체험한 것이지만 무의식에만

남아 있는 기억, 억압된 기억. &lt;내부자들&gt;의 흥행 요인에는 여러 가지가 있겠지만

무엇보다 거울 구조를 통해 집단적 순수기억을 환기시켰기 때문일 것이다.

기억의 투쟁이 권력투쟁의 핵심이다.
무관심과 망각을 넘어서 기억하고 증언하는 것,
이것이 가장 중요한 무기다. [3]

서경식

〈내부자들: 디 오리지널〉(이하 〈내부자들〉)은 기억에 관한 영화다. 기억은 영화에서 거울로, 미디어로, 예술로 변주되어 나타난다. 그리고 결국 기억은 현실을 환기시킨다.

**3** 『시사IN』, 2016. 03. 16.

프루스트의 『잃어버린 시간을 찾아서』의 주인공은
어느 날 홍차에 적신 마들렌 과자를 먹는 순간 잊혀졌던
과거가 불현듯 기억나는 사건을 경험한다. 베르그송은 이
처럼 평상시에는 의식으로 떠오르지 않다가 어떤 계기를
통해 갑자기 의식되는 기억을 '순수기억'이라고 표현했
다. 〈내부자들〉은 마치 집단적 순수기억 속에 억압되었
던 것이 귀환하듯 불현듯 나타났고, 관객은 자신의 억압
되었던 기억을 순수기억으로부터 퍼 올리며 이에 열광했
다. 더욱이 이 영화가 불러일으키는 기억은 그 경계가 식
별 가능한 먼 과거의 기억이 아니라 가까운 과거의 기억
이며 나아가 바로 지금, 여기, 현재의 기억이기도 하다.
다시 한 번 베르그송 식으로 말하자면, 과거는 방금 지나
간 현재이며, 미래는 다가올 현재이다. 이처럼 가까운 과
거와 현재와 미래는 거의 동시적으로 나타나기 때문에 관
객은 영화 속에서 식별 불가능한 시간의 현재성을 경험하
고 이에 흥분하게 된다.

　〈내부자들〉은 특히 거울 구조를 통해 관객의 억압된

기억을 끌어올리고 망각에 저항하고 있다. 안상구(이병헌)가 어떤 기자와 인터뷰 하는 첫 장면은(기자회견 장면이 아니라) 거울 구조의 한 단면을 보여준다. 안상구는 기자에게 로만 폴란스키의 1974년 영화 〈차이나타운〉 이야기를 늘어놓는다. 〈차이나타운〉에서 사설탐정 기티스(잭 니콜슨)는 괴한에 의해 코를 잃을 뻔 한다. 이를 계기로 그는 이제 정의라는 거창한 이름이 아니라 사적인 동기로 범인을 추적하기 시작한다. 안상구도 비리를 폭로한 자신의 행위는 정의가 아니라 자기 손을 잃었기 때문이라는 것을 암시한다. 영화 〈차이나타운〉의 이야기는 〈내부자들〉의 결말 또한 암시하고 있다. 안상구가 〈차이나타운〉에 대해 "이야기는 갈수록 복잡해. 음모에 반전에, 라스트에 짠하고 등장하는 진실은 진짜로 추접하지"라고 말할 때, 그것은 영화 〈내부자들〉의 결말도 '진짜로 추접할 것임'을 암시한다. 그런 의미에서 〈차이나타운〉은 〈내부자들〉의 거울이고, 〈차이나타운〉의 기억은 〈내부자들〉의 현실을 반영한다.

영화에는 실제로 화장실 장면을 비롯하여 거울 장면이 여러 번 등장하는데, 이 또한 영화의 거울 구조를 시사하는 부분이다. 물론 거울은 영화에서 흔히 쓰이는 장치다. 주로 인물의 자기반성을 위한 도구로 사용되거나 자아분열을 상징하는 도구로도 활용된다. 실제 인물과 거울 반사 이미지는 같아 보이지만 다른 존재이다. 등장인물이 거울이 많은 방에 있다면 거울 반사 이미지는 그 인물의 정신분열이나 정체성의 혼란, 혹은 다중 인격을 나타내기도 한다. 또 영화 속 거울은 영화 자신을 의미하기도 한다. 영화는 현실을 반영하는 거울이 될 수 있기 때문이다. 그런 의미에서 〈내부자들〉은 위에서 언급한 거울의 다양한 기능을 보여주고 있다. 거울은 안상구와 이강희의 양면성을 보여주고, 영화 자신의 현실 반영적 특성을 나타내기도 한다. 예컨대 영화는 각종 기사를 통해 알려졌듯이 김학의 전(前) 법무차관의 성접대 의혹, 성접대 파문을 일으켰던 '장자연 리스트', 고(故) 성완종 전(前) 경남기업 회장의 '성완종 리스트' 사건을 반영하고 환기시킨다. 우리가 영화를 보며 분노하고 동감하는 것은 이 거울 구조에 의해 소환된 기억의 현재성 때문일 것이다.

영화는 영화와 현실을 기억하고 반영할 뿐만 아니라 다른 대중매체를 기억하고 반영한다. 예컨대 영화는 신문과 텔레비전, 스마트폰 등의 역할을 기억하고 그것을 반영한다. 여기서 기억과 반영은 성찰한다는 의미이다. 〈내부자들〉에서 신문은 구시대적이고 부정적인 매체로 묘사되는 반면 텔레비전과 스마트폰은 뉴미디어로서 상대적으로 긍정적으로 묘사된다. 조국일보의 논설주간 이강희는 뒤에서 모든 걸 조종하고, 조국일보의 간부들은 하나같이 정의가 아니라 자신들의 이익을 지키기 위해 양심을 저버린다. 나중에 조국일보로 돌아온 월간조국의 기자도 부패하기는 마찬가지다. 종이신문은 사실을 왜곡하고 은폐하며 부패한 정치가와 기업가들을 지지하여 그 대가로 돈을 버는 부패한 매체로 묘사된다. 텔레비전 뉴스 역시 진실을 보도하기보다는 드러난 사실만을 보도하고, 권력자들의 말만 믿고 사실이 확인되지 않은 내용도 여과 없이 보도한다. 안상구가 했다는 납치감금과 성폭행은 사실이 아니지만 사실인 것처럼 보도된다. 하지만 텔레비전은 신문보다 훨씬 파급력이 크다. 그래서 마지막에 성접대 동영상을 폭로하고 전달하는 데 매우 효과적인 매체로 각인된다. 스마트폰 역시 시민들에게 직접적으로 영향을 미칠 수 있는, 긍정적인 매체로 묘사된다.

　여기서 영화는 분명 자신의 역할에 대해서도 성찰하는 듯하다. 영화가 위와 같은 대중매체들을 반영한다는 것은 매체로서의 영화 자신에 대한 성찰을 내포하고 있는 것으로 볼 수 있다. 아울러 영화는 텔레비전이나 스마트폰과는 달리 대중매체일 뿐만 아니라 예술작품이기도 하다. 따라서 〈내부자들〉은 〈차이나타운〉의 예에서처럼 예술매체로서의 영화에 대한 자기 성찰을 보여주는 것은 물론, 아울러 그래피티(Graffiti)에 대한 기억을 통해 예술의 역할에 대해 성찰한다. 조국일보 편집회의에서 편집국장(김의성)과 임원들은 '쥐 그림 사건'을 어떻게 기사화할지를 논의한다. 쥐 그림 사건 역시 실제 있었던 사건으로서 2010년 서울에서 열린 G20 정상회의에 앞서 한 대학 강사가 관련 포스터에 쥐 그림을 그려 재판에 회부된 사건을 상기시킨다. 물론 영화에서는 교수 한 명과 대학원생 다섯 명이 공모한 사건이라고 하지만, 실제로는 두 명이 가담하였으며, 이들은 2011년 벌금형을 선고받았다. 그러나 과연 이러한 판결이 적법한 것이었는지는 아직도 논란의 여지가 있어 보인다. 하지만 조국일보의 편집위원들은 이 사건에 대한 검찰의 진술만을 일방적으로 보도할 예정이며, 이강희는 며칠에 걸쳐 "인류에 기여하는 창조적 예술적 그래피티의 역사와 그에 반해 왜곡과 기만의 선봉에 서는 그래피티를 논할 예정"이라고 말한다. 과연 누가 왜곡과 기만의 선봉에 선 걸까? 그래피티일까, 조국일보일까? 아니면 영화 〈내부자들〉일까? 영화는 이렇게 질문하고 있는 것이 아닐까?

〈내부자들〉은 이처럼 철저히 기억에 관한 영화다. 영화는 안상구의 〈차이나타운〉에 대한 기억으로부터 시작하여 이강희의 기억에 대한 지론으로 끝난다. 이강희는 감옥에 갔지만 여전히 특별대우를 받는다. 간수는 이강희를 소장실로 안내하고 정중히 고개를 숙인다. 이강희는 아무도 없는 소장실에서 누군가에게 전화를 하며 국민들의 근성에 대해 이야기한다. 요는 국민들이 원하는 건 진실이 아니라 잠시 씹다 버릴 이야깃거리라는 것이다. 즉 국민들은 곧 잊게 될 거라는 말이다. 이처럼 영화는 처음과 끝에 기억에 관해 언급하고 있으며, 본론에서는 온갖 현실의 기억들을 환기시킨다. 따라서 영화는 정의를 강조하는 것이 아니라 기억을 강조하고 있다고 볼 수 있다. 영화에서 정의로운 사람은 아무도 없다. 안상구도 우장훈도 정의를 위해 싸우지 않는다. 감독은 모두가 정의와 진실이 아닌 돈과 권력을 추구하는 내부자들이며, 국민은 정의롭지 못하고 쉽게 망각하는 존재라고 말하는 듯하다. 그래서 역설적으로 영화 〈내부자들〉은 기억과 정의를 강조한다.

영화는 나의 기억을 형성하기도 하고 집단적 기억을 형성하기도 한다. 관객들이 사극이나 시대물에 열렬히 환호하는 것은 그것들이 그만큼 관객의 기억에 호소하고,

관객의 기억을 환기시키기 때문일 것이다. 앞서 언급한 것처럼 내가 특정 시간, 특정 공간에서 체험했지만 무의식에만 잠재적으로 남아 있는 기억, 그것을 순수기억이라고 한다. 하지만 나만의 순수기억이 아니라 집단적 순수기억도 있을 것이다. 우리 모두가 체험한 것이지만 무의식에만 남아 있는 기억, 억압된 기억. 〈내부자들〉의 흥행 요인에는 여러 가지가 있겠지만 무엇보다 거울 구조를 통해 집단적 순수기억을 환기시켰기 때문일 것이다. 이를 통해 영화는 관객에게 기억의 투쟁을 요구한다. 권력자들이 원하는 것은 망각이라고, 그러므로 끝까지 기억해야 한다고.

마지막으로 이 영화에 대해 쓴소리를 몇 마디 하고 글을 마치겠다. 영화의 결말은 큰 결함을 보여주고 있다. 결말부에서 이강희와 그 일당은 검찰의 조사를 받은 뒤 감옥에 가고 안상구와 우장훈은 웃으면서 재회한다. 그런데 문제는 안상구가 여전히 조폭의 세계에 몸담고 있는 듯 보인다는 점이며, 더 심각한 것은 그의 부하가 미래자동차 오현수 회장의 부하 조 상무를 자동차 트렁크에 넣은 다음 불을 질러 살해함으로써 법의 심판이 아니라 사적으로 복수한다는 점이다. 하지만 안상구와 그의 부하들은 살인을 저질렀음에도 전혀 법의 심판을 받지 않고 승승장구하고 있으며, 더구나 이제 변호사가 된 우장훈은 여전히 범죄자인 안상구와 웃으며 밥을 먹으러 간다. 비록 안상구와 우장훈이 처음부터 정의의 이름으로 이강희 일당을 심판하지는 않았지만, 결과적으로 이강희 일당이 법의 심판을 받게 되어 후련함을 느꼈던 관객은 마지막에 혼란을 느끼며 영화의 진의를 의심하지 않을 수 없게 된다. 더구나 영화는 관객이 그러한 잔혹한 복수에 동의하게끔 유도하고 있다. 이것은 이 영화의 심각한 결함이다.

　이 논의를 좀 더 확장해서 말하자면, 나는 이 영화가 자기 외적 세계에 대한 기억과 성찰에는 성공했으나 자기 자신에 대한 성찰에는 실패했다고 본다. 이 영화는 블록버스터 영화로서 철저히 상업적인 기획 속에서 제작되었으며 철저히 상업적인 극장 시스템 내에서 상영되었다. 그런 점에서 영화는 자신의 태생적 한계를 넘지 못한 것으로 보인다. 감독은 영화의 역할이 추한 현실에 대한 기억과 폭로에 있다고 보는 것 같다. 하지만 그 효과가 극대화되려면, 무괴아심(無愧我心), 즉 자신을 더 철저히 돌아보아야 한다고 영화 〈내부자들〉에게 말하고 싶다.

**김형래**　현재 한국외대 독일어과 교수로 재직 중이다. 2008년 독일 보훔대학 영화학 박사학위를 취득했다. 역서로 『영화와 텔레비전 분석 교과서』(공역, 2015), 『파스빈더와 들뢰즈』(2016) 등이 있으며, 영화 〈디-워〉, 〈아바타〉에 대한 논문과 미하엘 하네케, 빔 벤더스, R.W. 파스빈더의 영화에 관한 논문 및 들뢰즈의 영화 이론에 관한 다수의 논문이 있다.

# 금수저·흙수저, 그 기분 나쁜 되새김

— 〈내부자들: 더 오리지널〉을 보고 나서…

**김영상**

감독은 '금수저 권력'을 가진 자들이 휘젓는 세상,

그러나 흙수저들이 이를 용인하는 안이한 세상의 부당함을 실컷 조롱했다.

권력의 횡포에 맞서기에 너무 무기력한 작금의 대중들의 사회를 비아냥댔다.

선이 악을 이기는 전통방정식을 풀어내는 영화적 장치가 좀 허름해

아쉽기는 했지만, 그렇다고 영화의 전체 메시지를 훼손할 정도는 아니었다.

#1. 거긴 남의 밭이야. 밟고 가면 안 돼. 힘들더라도 돌아가야지.

어린 시절 할머니는 유난히 마실 가는 것을 좋아했다. 우리 할머니만은 아니었다. 그때의 어른들은 누구나 마실을 즐겨했다. 매일 밤 한집에 모여 수다를 떨곤 했다. 나를 눈에 넣어도 아프지 않게 여기신 당신은 손자를 앞세운 적이 많았다. 할머니들끼리 속닥속닥이는 소리에 잠이 들기도 했다. 어슴푸레한 저녁이 되면 할머니와 손을 잡고 집으로 돌아오곤 했다.

집으로 오는 길은 멀고도 길었다. 밭을 끼고 돌아가면 한참이 걸렸다. 그때 어린 내가 이렇게 말한 것 같다.

"할머니, 그냥 밭으로 (질러) 가면 빨리 가요."

그때 할머니가 하신 말씀이다. 남의 밭을 밟고 가선 안 된다는 것, 힘들더라도 밭두렁 길을 걸어 돌아가야 한다는 것이었다. 어린 나는 이해할 수 없었다.


#2. 사람이 믿고 살아야지

내가 고등학교 때였다. 외할머니와 나는 눈 속에서 대(나무)를 쪘다. 전라도 산골엔 변변한 특용작물 하나 없어 벌이가 신통치 않았고, 그나마 소백산맥 줄기인 덕분으로 대나무는 많아 그걸로 겨우살이를 이어갔다. 대를 쪄 두툼한 한 다발로 묶으면, 아마 몇백 원 했던 것 같다. 산속 눈을 헤치며 대를 쪘고, 그렇게 만든 다발을 마을 초입 다리 위에 쌓아뒀다. 그 다발이 몇백 개 모이면 읍내에서 차가 와서 실어갔고, 외할머니는 그 자리에서 그 값에 해당하는 돈을 받았다. 그런데 내가 보기엔 문제가 있었다. 외할머니와 내가 쌓아놓은 대나무 다발 옆엔 다른 사람들 것이 수북했고, 또 그 옆과 옆에도 한 무더기의 대나무가 쌓여있었다. 어떤 게 누구의 것인지는 주인만이 알 수 있을 정도였다.

"할머니, 우리 것은 표시해놔야 할 것 같은데요. 다른 사람이 와서 우리 것을 가져가 자기 것에 쌓아놓으면 안 되잖아요?"

"그걸 가져갈 사람 없어. 여긴 그런 사람 없어. 사람이 믿고 살아야지."


영화 〈내부자들: 디 오리지널〉을 보면서 어린 시절 이 두개의 기억이 떠오른 것은 왜였을까?

결론적으로 말하면 〈내부자들〉은 내게 할머니와 외할머니에 대한 추억을 꺼내게 하였다. 좋지만, 좋은 것만은 아니었다. 배우지 못했고 가진 것 없었기에, 그렇다고 당신의 자리에서 다른 욕심낼 엄두도 못 내고 인내하는 삶을 살았던 두 분에 대한 추억을 끄집어내게 한 것이다. 어쩌면 그것은 기분 나쁜 일이었다. 평생 흙수저로 살아간 당신들, 그들과 나의 지난 삶 앞에서 〈내부자들〉은 어쩌면 마음속 아킬레스건을 건드렸는지 모른다.

당신들은 남의 것을 탐하지 않았다. 남의 밭을 밟지 않을 정도로 남의 것을 내 것 이상으로 소중히 했다. 그렇다고 계산에 밝지도 않았다. 이문(利文)보다는 정(情)을, 사욕보다는 현실에 대한 수긍과 수용으로 점철한 인생을 살았다. 하긴, 금수저라는 말과 흙수저라는 말이 있지도 않은 세상이었으니 당연한 삶이었을지 모른다.

하지만 난 달랐다. 젊은 시절 출세욕은 남못지 않았다. 그렇지만 가난했고, 능력이 부족함을 알고는 수많은 나날을 방황하고 좌절했다. 수업료 낼 돈이 없어 인문계 고등학교를 포기했고, 장학금 때문에 특수목적 공업고등학교를 들어간 이후 수많은 날들을 콤플렉스를 안고 살아왔다.

"남의 것을 탐하지 말아라. 남을 믿고, 너무 욕심내지 말아라."

이 같은 두 분 할머니께서 몸으로 내게 준 소중한 가르침을 기억하다가도, 내가 가진 것이 '작음'이 한스러웠고 가난의 장벽에 막혀 더 높이 뛰지 못하는 현실에 괴로워했다. 당신들의 손자로서 부끄럽게도, 나는 내 삶의 대부분을 흙수저였다는 자괴감과 열등감에 시달려왔다.

난 이웃의 것을 탐한 적 없고, 실제 그것을 빼앗아 취하지는 않았지만, 시샘을 했고 질투는 했다. 그렇다고 해서 '많은 것'을 차지하지도 못했다. 그저 욕심만 냈고 가진 것도 없고, 세월만 허비했다. 금수저들의 인생을 시기하고 비판하고, 삿대질을 해대면서 말이다. 그렇다. 그렇게 난 대한민국의 전형적인 흙수저 인생을 살아왔다. 그것을 영화 〈내부자들〉에게 들켰을 때, 쥐구멍이라도 들어가고 싶었다.

타이틀이 '내부자들'인 것부터 맘에 들지 않았다. 우민호 감독은 인정하지 않을 수 있겠지만, 내가 생각하는 내부자들은 힘 있는 이들이 속한 금수저 계층이다. 반대말은 외부자일 것이다. 힘이 없는 이들, 상대적으로 가진 것이 없는 흙수저 계층 말이다. 내부자들에 속하고 싶은 외부자들의 끊임없는 열망과 예견된 일탈, 그게 영화 줄거리를 이룰 것이라고 타이틀을 보자마자 예감했다.

그것은 딱 들어맞았다. 인생의 많은 부분을 외부자에서 살았고, 내부자가 되려고 탐욕과 욕망을 내비쳐왔던 내 삶에 영화는 처음부터 '꾸짖음'을 예고했고, 결국은 그 꾸짖음을 들었으며, 영화를 보고 나서는 '금수저·흙수저에 대한 기분 나쁜 되새김'만을 실컷 해버렸다. 나 같은 사람이 관객들 대부분일 것이다.


영화 뒤쪽부터 가보자. 기업인과 정치인의 지저분한 정경유착이 폭로돼 패가망신하게 된 이강희(백윤식) 조국일보 논설주간은 감옥에서 이렇게 조소를 던진다. 그의 비아냥거림과 함께 영화는 끝난다.

"오징어 씹어보셨죠? 근데 그게 무지하게 질긴 겁니다. 계속 씹으시겠습니까? 이빨 아프게 누가 그걸 끝까지 씹겠습니까. 마찬가집니다. 그들이 원하는 건 술자리나 인터넷에서 씹어댈 안주거리가 필요한 겁니다. 적당히 씹어대다가 싫증 나면 뱉어버리겠죠. 이빨도 아프고 먹고살기도 바쁘고…. 맞습니다. 우린 끝까지 질기게 버티기만 하면 됩니다. 우리나라 민족성이 원래 금방 끓고 금방 식지 않습니까. 적당한 시점에서 다른 안주거리를 던져주면 그뿐입니다. 어차피 그들이 원하는 건 진실이 아닙니다. 고민하고 싶은 이에겐 고민거리를, 울고 싶어 하는 이에겐 울 거리를, 욕하고 싶어 하는 이에겐 욕할 거리를 주는 거죠. 열심히 고민하고 울고 욕하면서 스트레스를 풀다 보면 제 풀에 지쳐버리지 않겠습니까. 흐흐흐흐."

뻔뻔하고, 능글맞다. 감독은 이강희의 비아냥거림을 통해 이 땅의 흙수저들은 금수저 또는 금수저를 열망하는 이들 앞에서 영원히 약자일 수밖에 없다는 현실을 비판하고, 그것을 경계하기 위해 이런 메시지를 던졌는지도 모른다.

하지만 영화가 악(惡)의 단죄로 결말짓지 않았다는 점은 유감이다. 〈내부자들〉 결말에서 금수저 또는 금수저를 열망한 이들은 심판받지 않았고, 부활의 가능성마저 암시했다. 이강희는 나락에 빠졌지만, 세상 사람들에게 잠시 잊히면 언제든지 다시 세상에 나올 수 있음을 확신하고 있다.

감독은 이강희가 자살을 하든지, 영원한 패배자로 몰락하든지 하는 설정을 할 수 있었음에도 왜 이강희와 '짜고 치는 고스톱'의 여지를 남기면서 그의 부활을 암시한 것일까? 우 감독의 선택은 옳았을까, 아니면 지나친 교만이었을까?

영화는 영원한 테마인 선(善)과 악(惡)의 대결구도로 시작된다. 조폭으로 실컷 이용만 당하다가 버림받는 정치깡패 안상구(이병헌), 빽도 없고 족보도 없어 늘 승진 코앞에서 주저앉는 우장훈(조승우) 검사. 절대로 어울릴 수 없는 이 둘은 어쨌든 손을 잡게 된다. 동병상련이라고, 서로의 몸에 완벽히 찌든 흙수저 냄새를 본능적으로 맡았기 때문이다.

정의감 때문인지, 복수심 때문인지는 명확치 않으나, 어쨌든 의기투합한 이들의 앞에서 미래자동차 회장도, 조국일보 논설주간도, 정당 대선후보도 일시에 무너진다.

이들과 싸움을 결심한 안상구의 논리는 간단하다. 정

치깡패로 실컷 이강희에게 이용만 당하다가 결국 정의에 눈을 뜨게 된 그는 소박한 꿈을 꾼다. 거창한 구호는 없다. 폭로 기자간담회를 앞둔 그의 말은 상징적이다.

"복수? 그런 것은 상관없소. 하지만 기자양반, 빌어먹을 내 손이 없어졌단 말이오. 난 내 손이 좋아요. 밥도 먹고, 똥도 닦고…"

그냥 주인이 시키면 개처럼 짖으며 지저분한 일이라는 일은 도맡아 해온 그가 이강희에게 버림을 받고, 응분의 대가를 치르게 해주겠다며 칼을 휘두르면서도 내놓는 말은 이처럼 희화적이다. 그래서 더 복수심이 절박하게 느껴졌다는 평가도 있긴 하지만, 보복을 결심한 그 순간에도 흙수저 체질을 벗지 못한 한계를 보여준다.

기업인과 언론인, 정치인의 뒤를 캐는 우장훈 역시 처음부터 무슨 대단한 사명감이 있었던 것은 아니다. 그의 첫출발은 공명심 때문이었다.

"그놈의 학연 지연이 사람 여럿 죽인다니까… (중략) 조국일보 최대 광고주가 미래자동차 아닙니까? 재벌하고 대권후보, 언론이라…. 참 정의롭다, 정의로워."

그렇게 비꼬면서도 우장훈의 시선은 '계층의 사다리 이동'에 쏠려있다. 어떻게 하면 좀 더 좋은 자리로 올라설 수 있는가가 그의 관심일 뿐이다. 경찰을 하다가 더 출세하고 싶어 검찰에 온 그에게 당장 필요한 것은 '실적'이다. 대기업 회장의 뒤를 캐는 것도 다 출세 욕심 때문이었다.

우장훈과 직속 상사(부장 검사)와의 대화는 출세욕이 대단한 만큼 뼛속까지 열등감에 사로잡혀 있는 우장훈의 인생을 대변한다.

"이번 인사건 말이야. 양 프로〔검사 성(姓) 지칭〕가 대검 가게 됐다… 미안하다. 내 해본다고 해봤는데….”(부장 검사)

"솔직히 까놓고 얘기해서 내만큼 조직에 충성하는 놈 있습니까? 그런 양 프로 그, 그 새끼가 나보다 실력이 뛰어납니까?”(우장훈)

"실력이야, 당연히 니가 에이스다.”(부장 검사)

"부장님!”(우장훈)

"양 프로 장인이 청와대 라인이잖아. 중수 부장과는

대학 선후배고….” (부장 검사)

“그러니까, 줄도 없고 빽도 없는 내같은 거지새끼는 나가 죽으란 말입니까?” (우장훈)

“어쩌겠냐. 대한민국은 실력보다 줄이고 빽인데…. 그래서 하는 말인데, 장필우만 잡아. 그럼 줄이고 빽이고 다 필요 없다. 무조건 니가 이기는 거야.” (부장 검사)

우장훈이 눈에 불을 켜고 이강희와 장필우를 잡아들이려고 한 것은 이처럼 줄도 없고 빽도 없는 현실에서 벗어나고픈 몸부림에서 시작된 것이다.

결국 밑바닥 인생의 안상구와 검찰 조직의 하류 인생 우장훈, 이 흙수저 두 명은 어쩔 수 없이 손을 잡고 거대 권력과 음모에 맞서는 구도로 영화는 진행된다.


하지만 이들의 위에 군림하는 금수저들의 음모를 파헤치기에 현실은 너무 버겁다. 미래자동차 오현수(김홍파) 회장과 이강희와 장필우의 만남은 비리와 추악한 냄새가 가득하지만, 너무 끈끈하다. 철벽처럼 두텁다.

“어찌됐든 좋은 기다. 언론하고 기업이 마케팅 파트

너십을 맺는다는 거…. 이 주간 앞으로도 좋은 글 고대하고 있을게."(오현수가 이강희에게)

"장 의원 비정규직 관련 법안 어찌 됐노?"(오현수가 장필우에게)

"이 장필우가 목숨 걸고 막고 있으니까 걱정 마십시오."(장필우)

"그럼, 우리 한잔해볼까? 가자!"(오현수)

여기서 주목되는 것은 감독의 기술(?)이다. 선악 구도가 뻔한 스토리에서 선이 악을 이기려면 뭔가 결정타가 필요하다. 막강한 권력을 한방에 쓰러뜨릴 수 있는 엄청난 무기가 있어야 한다는 뜻이다. 우 감독은 이 점에선 아마추어 같은 능력을 보였다.


드라마 〈리멤버: 아들의 전쟁〉에서 천방지축 갑질을 일삼는 방탕아이자, 분노조절장애를 가진 남규만(남궁민)을 감옥에 넣고 자살로까지 이끈 것은 서진우(유승호) 변호사와 이인아(박민영) 검사의 지칠 줄 모르는 폭로와 추궁이었고, 남규만이 떵떵거리고 살 수 있었던 뒷배였던 아버지 남일호(한진희) 회장의 외면이었다. 살인 교사까지도 서슴지 않는 남규만의 추락은 당연한 귀결이었지만, 그가 기댈 지푸라기 하나 없는 벼랑 끝으로 떨어지는 과정은 그럴 듯했고 논리적이었다. 하지만 '내부자들'에서 오현수와 장필우, 이강희가 나락에 떨어지게 된 것은 안상구나 우장훈의 힘 때문은 아니었다. 여기서 감독에게 큰 허점이 발견되는 것이다.

감독은 영화 내내 금수저들의 '입'을 통해 흙수저를 조롱하고 얕잡아 본다. '세상을 바꾸는 힘이 민심'이라는, 선거철에 돌아다니는 구호는 감독의 안중엔 아예 없었다. 영화 중반까지 흙수저들은 그저 반항 한번 못하는 약자로, 나아가 머슴처럼 취급된다. 흙수저들을 자기 몸 하나 건사 못하는 이들로 치부해버림으로써, 이들이 인생역전을 할 수 있는 영화적 장치를 마련하는 데 스스로 자물쇠를 채웠다.

우 감독은 영화에서 금수저의 방탕함과 세상을 향한 농락을 계속 방관하다가 이를 견제할 장치를 영화 후반부에서 겨우 찾았는데, 이것이 결국은 '대중의 시선', 즉

'흙수저들의 눈'이었다는 데서 그의 역량 부족이 느껴지는 것이다.

정경유착을 캐내는 데 힘이 모자람을 절감한 우장훈은 권력층에 삽살개처럼 기어들어 가, 결국은 고(故) 장자연 씨나 김학의 전 법무부 차관을 연상케 하는 성접대 사건의 '동영상'을 확보하고 이를 소셜네트워크서비스(SNS)에 퍼뜨려 거대 권력층을 무너뜨린다는 설정은 너무 유치해 보인다. 영화 내내 흙수저를 실컷 조롱해놓고, 마침내 결말이 필요하게 될 때는 흙수저의 힘을 이용하는 스토리는 작위적이다. 이럴 거면 흙수저들을 적당히 조롱했어야 했다. '밟으면 꿈틀댈 수 있다'는 여지는 좀 남겨 놨어야 하는 것이다.

아쉬운 것은 또 있다. 감독은 개별 배우의 입장을 너무 배려함으로써 영화의 완성도를 떨어뜨렸다. 유독 힘을 준 장면이나, 돋보이는 콘셉트, 강렬한 메시지는 눈에 띄지 않았다.

안상구는 죽을 둥 살 둥 복수심을 불태우지만 "모히

또 가서 몰디브 한잔해야지."라는 말로 냉철한 인물인지, 개그맨인지 알 수 없는 모호한 캐릭터로 만들었고, 우장훈은 출세욕과 정의감 사이에서 너무 오래 주판알을 튕기다 보니 정작 '정의의 칼'을 휘두를 때의 준엄함과 당위성은 설득력이 약해졌다.

문제는 이 같은 세심한(?) 배려가 악역에게도 고루 나눠지면서 영화 본질을 흐렸다는 점이다. 갈 데까지 간 이강희에 그렇게 오랫동안 세상을 향해 조롱할 시간을 허락해줄 필요는 없었다. 동영상이 퍼지고, 세상이 발칵 뒤집어지면서 대선후보에서 일약 범죄자로 추락한 장필우의 몰락 장면도 여관 방, 그리고 소주병이라는 통념적 재료를 화면에 담음으로써 권선징악 구도를 희화화했다. 오현수의 추락 역시 흔하디흔한 '재벌총수와 휠체어'라는 소재를 사용함으로써 신선함을 주지 못했다.

"추악한 권력은 방심하면 언제든 부활한다는 메시지를 주려했을 것이다." 물론 우호적인 영화 평론가라면 이 같은 해석도 가능할 것이다. 그렇다고 해도 캐스팅이 화려하다 보니 개별 배우의 역량에 너무 의존하는 실수를 범했다는 점은 분명하다는 게 내 생각이다.

감독은 이병헌, 조승우, 백윤식, 이경영 등 묵직한 배우들에게 각자의 색깔과 권한을 충분히 주면서 이들의 애드리브를 충분히 활용했다. 감독이 넓은 마음을 보인 것이다. 하지만 각자의 묵직한 멘트와 표정은 서로 충돌하면서 전체적인 조화를 깼고, 영화의 전체 메시지를 훼손했다. 멜로 영화였는지, 스릴러·액션 영화였는지, 코미디 영화였는지, 엔딩 자막이 흐르는 때도 결론을 낼 수 없었다. 그게 감독의 노림수였다고 말한다면, 할 말은 없다.

〈내부자들〉은 물론 최악은 아니었다. "어이가 없네."를 연발하며 온갖 악행과 갑질을 일삼는 재벌 2세 조태오(유아인)를 내세운 〈베테랑〉보다는 낫다고 본다. 베테랑에서 악역을 맡은 유아인은 잘생겼다는 이유로 인기(?)를 한 몸에 받았다. 그가 세상을 향해 시건방지게 던지는 "어이가 없네."라는 멘트는 당장 유행어가 됐다.

이는 영화를 표방한 '세상을 향한 악행'과 다르지 않다. 관객들이 유아인의 얼굴에 꽂히다 보니 더럽고 추잡하고 성질이 못된, 바퀴벌레보다도 더 혐오스러운 인간

형인 조태오에 대한 분노는 희석됐다. 또 그가 던지는 악랄한 단어조차 사람들이 개그로 받아들이게 하였으니 이보다 더한 악행이 어디 있겠는가. 감독이 흥행을 위해 잘생긴 배우 유아인을 캐스팅한 것은 이해할 수 있지만, 이왕이면 얼굴만큼이나 더러운 성격을 부각시켜 관객에게 유아인의 '몸'이 아닌 괴물 같은 '캐릭터'에 더 집중할 수 있게 해야 했다.

〈베테랑〉을 보면 흙수저들이 재벌 2세의 온갖 악행에도 너그러워지게 되는 감염병(?)을 경험하게 된다. 예술은 자유롭게 만들 자유가 있다고 외치면서도 책임감은 전혀 없이 대중을 위해 '소리 없는 폭행'을 가한 것, 〈베테랑〉을 그런 영화로 내가 규정하는 이유가 여기에 있다.

영화를 보는 내내 주목한 게 있다면 감독의 세상을 보는 시각이었다. 감독의 시선은 영화 그 자체다.

감독의 언론관은 특이했다. '정치를 설계하는 언론인' 이강희를 앞세워 그는 말한다. "말은 권력이고 힘이야."

감독은 이강희에게 무소불위의 힘을 부여했다. 그의 기사 한 줄이면 대통령 후보도 만들어지고, 부패와 뇌물 혐의가 있는 대기업 오너도 무죄가 된다. 사람을 패고, 폭행을 해도 피의자가 아닌 피해자로 둔갑한다. 감독의 머릿속엔 세상에서 가장 위력적인 힘을 가진 것이 언론이라는 생각이 지배하고 있는 것으로 보인다.

이강희를 몰락시킴으로써 세상의 부정과 부패를 고발하려는 감독의 의도는 멋지게 성공했다. 수많은 흙수저들에게 금수저의 일망타진과 몰락을 안겨줌으로써 쾌감과 대리만족을 줬다.

하지만 그뿐이다. 그 이상의 감동은 없다. 나락으로 떨어진 이강희나 오현수, 장필우에게 몰락을 줬지만, '제물의 심판'을 내리는 데 망설인 감독의 여린 심성이 그렇게 만들었다. 감독은 어쩌면 이런 영화를 찍기엔, 자본주의에 대한 따뜻한 시각을 가졌는지도 모르겠다.

감독이 이 땅의 흙수저들의 분노와 절망을 어루만지는 데 소홀했다는 뜻은 결코 아니다. 영화 속에서 법조계에 대한 성찰과 고발은 단연 눈에 띈다. 우장훈을 내세

위 검·경 대립의 현실을 그럴 듯하게 묘사했고, 특정 인맥과 지연으로 얽힌 '그들만의 밀착 네트워크'를 고발했고, 기업과 결탁하는 판·검사의 추악함도 현실감 있게 다뤘다.

그런 점에서 〈내부자들〉은 화제가 된 '정운호 네이처 리퍼블릭 대표의 전방위 로비 의혹' 사건과 오버랩된다.

2016년 5월 27일의 한 장면. 한 사람이 검찰청사에 들어섰다. 기자들이 구름처럼 몰려 들었다. 카메라 플래시가 곳곳에서 터졌다.(내부자들 속에도 이런 장면은 몇 번 나온다)

카메라 플래시를 받은 주인공은 검사장 출신의 홍만표 변호사(57, 사법연수원 17기)였다. '정운호 대표 로비 의혹'에 연루된 그는 이날 오전 9시 50분께 서울 서초동 검찰청사에 출석했다. 2011년 퇴임 이후 '잘 나가던' 그의 5년 만의 초라한 '친정 귀환'이 아닐 수 없었다. 검사 때 부패와 비리를 캐며 전직 대통령도 꾸짖고, 대기업 총수들도 준엄하게 심판했던 그가 비리 의혹으로 수사를 받게 될 줄 알았겠는가.

"제가 일하던 곳에서 조사를 받게 돼 참담합니다."

심정을 묻는 기자들의 질문에 홍 변호사의 답은 이랬다.

"제 주변의 가족들과 의뢰인들이 저로 인해 많은 상처를 입었습니다. 그 부분도 모두 감당하고 가겠습니다. 성실히 조사에 임하겠습니다."

표정은 담담했지만, 그 옛날의 기개와 위엄은 찾아볼 수 없었다. 세상모를 일이다. 법조계에서 존경을 한 몸에 받던 '특수통'에서 후배 앞에서 조사를 받아야 하는 '피의자'로 추락한 홍 변호사의 사례는 〈내부자들〉이 현실과 동떨어진 영화가 전혀 아님을 대변한다.

'정운호 로비 의혹' 사건에서 화제의 인물로 급부상했던 최유정 변호사의 영광과 좌절도 같은 맥락이다. 수원지방법원 판사 시절 때까지도 외로움에 떨며 가난의 기억에서 헤어나지 못하고, 일찍 세상을 뜬 아버지에 대한 원망으로 가득 찼다는 최 변호사. 그렇게 여린 영혼을 가졌던 그가 나중에 100억 원 수임료 사건에 휘말리고 세간의 눈총을 받는 이로 전락한 현실을 〈내부자들〉은 일찌감

치 고발한 것인지도 모른다.

특히 '대기업 회장'의 동영상 사건이 한때 현실에서 발생하여 세상을 시끄럽게 만든 것을 감안하면, 〈내부자들〉의 소재와 시각이 정확한 명중률을 기록했다고 볼 수 있다. 그런 면에서 훗날 타락한 세상을 경계한, 선구자적 영화로 평가받을지는 모르겠다.

이제 결론을 맺자. 감독은 '금수저 권력'을 가진 자들이 휘젓는 세상, 그러나 흙수저들이 이를 용인하는 안이한 세상의 부당함을 실컷 조롱했다. 권력의 횡포에 맞서기에 너무 무기력한 작금의 대중들의 사회를 비아냥댔다. 선이 악을 이기는 전통방정식을 풀어내는 영화적 장치가 좀 허름해 아쉽기는 했지만, 그렇다고 영화의 전체 메시지를 훼손할 정도는 아니었다.

다만 영화에서 가장 중요한, 감독도 가장 신경을 썼을 타이틀에 대한 해석이 관객의 숙제로 남겨진 것은 감독의 직무유기가 아닌가 싶다. 거대 권력을 작당했던 이들이 일망타진 당하는 순간, 거리의 대형스크린에서 한 앵커는 말한다. 밀실 야합과 같은 냄새나는 성접대 동영상이 함께 뿌려지면서 말이다.

"이들 비리를 폭로한 내부자는 우장훈 검사였습니다."

맞다. 분명히 우장훈은 내부자였다. 내부자는 '어떤 조직의 안에 속해 있는 사람'이라는 뜻이다. 우장훈은 이강희, 장필우, 오현수의 부정과 비리를 잡기 위해 고개를 숙인 척하며 그들의 이너 서클(Inner circle)에 합류할 수 있었고(그 과정 자체는 설득력이 매우 약하지만), 그들의 추악한 장면을 포착해 폭로함으로써 일시에 사건을 반전시켰다. 내부자가 됐다가, 내부고발자(조직의 내부자로서 그 조직의 불법행위나 비리를 내부 책임자 또는 외부에 고발하는 사람)가 된 것이다.

바로 이 장면이 핵심이다. 영화는 어쩌면 우리 모두 내부자가 될 수 있고, 내부고발자도 될 수 있음을 강조한다. 감독이 끝까지 버리지 않은 철저한 계산이자, 영화의 키워드다.

우장훈은 처음엔 거대 권력층의 내부자가 되고 싶어 했다. 경찰이 된 것도 '힘'을 원했기 때문이었고, 아예 검찰로까지 간 것은 더 높이 출세하고 싶은 욕망 때문이었다. 내부자가 되고 싶은 현실에 가로막히고, 자존심까지 뭉개지자 내부고발자로 변신한 것뿐이다.

영화는 이렇게 말하고 싶었는지도 모른다.

우리 모두가 언제나 권력의 단맛에 기웃거리고 있고, 그래서 누구나 내부자가 되고 싶은 욕망에 시달리고 있으며, 내부고발자도 처음부터 고발자는 아니었고 내부자 밖으로 튕겨져 나왔을 때의 분노를 표출하는 것이라는 시각을 통해 영화는 우리 욕망의 추악함을 고발하고 있는 것이다. 즉, 내부자가 돼 달콤한 맛을 보고 싶은 열망과 내가 속하지 못한 남들의 이너 서클에 배 아파 하면서 그것을 파괴하고 싶은 내부고발자의 욕망, 동시에 이 두 가지를 갖고 있는 인간의 내면을 폭로한 것이다. 〈내부자들〉은 이렇듯 우리 속에 잠재된 더러운 욕망을 가감 없이 세상 밖으로 공개했다.

그런 면에서 우장훈뿐만 아니라, 영화를 보는 관객

역시 내부고발자가 될 수 있다고 감독은 속으로 외치고 있는 것이다. 다만 내부자들이 내부에서 빠져나올 때의 두려움, 그래서 내부자 틀을 지키는 데 연연하는 현실에 대해 감독이 예리한 칼날을 들이대는 것은 사회적으로 의미가 있어 보인다.

2016년 1월 흥미롭게 읽은 뉴스 하나를 감독의 영화관과 연관 지을 수 있겠다. 부자들이 복권을 더 많이 산다고 한다. 기획재정부 복권위원회가 조사한 것에 따르면, 2015년에 복권을 사는 사람 중 월 소득이 400만 원 이상인 이는 55.3%였다. 소득 300만~399만 원(26.1%), 200만~299만 원(12.5%), 199만 원 이하(5.9%) 순이었다.

재미있는 것은 상대적 고소득자의 복권 구매 비율이 2014년에 비해 높아졌다는 점이다. 2014년 조사에서는 월 소득 400만 원 이상의 복권 사는 비율은 40.0%였다. 1년 새 돈을 많이 버는 사람이 더 복권을 더 샀다는 의미다. 물론 복권을 사는 행위 자체를 '더 큰 욕망'과 직접 연결하는 것은 무리지만, 가진 사람이 더 가지고 싶어 하는 현실을 어느 정도는 반영하고 있다는 분석은 충분히 가능하다.

〈내부자들〉은 이보다 더 추악한 욕망 덩어리를 보여 줬고, 그 욕망이 법과 정의에 어긋났을 때 응징이 뒤따름을 보여줬다.

**김영상** 현재 『헤럴드경제』 소비자경제부장으로 재직 중이다. 청주대 신문방송학과, 고려대 언론대학원 석사과정 중이다. 저서로 『한국의 아웃라이어들』(2013), 『Global 부자학』(2013. 공저), 『반상(盤上) 위의 전쟁』(2016)이 있다. 『헤럴드경제』 사회부장, 삼성·전경련 등 출입 재계팀장, 이명박 박근혜 후보 마크맨 및 국회반장을 역임했으며 청와대 출입기자, 2006년 독일월드컵 현장 취재 기자로 활동했다.

# &lt;내부자들&gt; 들여다보기

- 언어의 탈주, 기존의 언어에 구멍 내기

**박영기**


"모히또 가서 몰디브 한잔하자."

이는 안상구만의 언어이다.

권력의 언어와 규범을 뒤집어서 패러디 한 '모히또'와 '몰디브'.

베케트는 "이면에 숨은 것을 보거나 듣기 위해 언어에 구멍을 뚫어야 한다."고 말했다.

안상구의 패러디는 권력의 커다란 상징계에 구멍 뚫기이며,

자기만의 정체성을 표현하는 언어 표현이다.

나는 완전한 영원성을 지닌
열등 종족의 흑인이자 짐승이다.

들뢰즈

## 권력자의 광기와 잡종의 정신착란

〈내부자들〉은 조국일보의 이강희 논설주간, 미래 자동차
오현수 회장, 그리고 신정당 장필우 의원을 한편으로 하
는 권력자들과, 깡패 출신 전 연예기획사 대표 안상구, 지
방대 경찰 출신 우장훈 검사, 이른바 루저들이 편을 먹는

한판의 게임과 같다. 영화 속 가상적 이미지는 대한민국이라는 실제와 끊임없이 교호되면서 서로 맞교환되는 회로에 따라 현실적인 것 속으로 들어간다. 그리고 영화가 끝나는 그 순간, 순종의 정신착란과 잡종의 정신착란(들뢰즈)이 벌이는 화려한 이중주 속에서 낱낱이 벗겨진 우리 사회의 민낯과 대면하게 된다.

2016년 7월, 99%의 민중은 개, 돼지라 먹여주기만 하면 된다고 발언한 한 공직자. 부장 검사의 부당하고 야비한 횡포 앞에서 자살을 선택한 젊은 검사. 묻지마 살인과 분노 범죄로 자신의 무기력을 드러내 보이는 사회적 약자들. 이들의 이야기는 어느 한편의 자성만으로는 해결할 수 없는 한국 사회의 정신착란적 드라마의 끝판을 보여주며, 영화 속 이야기들이 가상적 이미지 속에만 존재하는 것이 아니라는 사실을 확인시켜 준다.


논설주간 이강희는 '의도했다.', '의도를 의심케 했다.'를 강박적으로 반복하면서 언어를 지배하는 지식인의 교활함을 보여준다. 그에게 언어는 힘이며 권력의 핵심을 장악할 수 있는 칼과 방패이다. "이래서 인간들은 덜도 말고 딱 굶어죽지 않을 정도만 살게 해줘야 딴 생각을 안 할긴데."라면서 미래 자동차 노동조합 비정규직 농성확대를 종북으로 몰아가는 오현수 회장에게 이강희의 언론 플레이는 큰 몫을 한다. 이강희는 "어차피 대중들은 개. 돼지입니다. 뭐하러 개, 돼지에게 신경을 쓰고 그러십니까? 적당히 짖어대다가 알아서 조용해질 겁니다."라는 대사를 날린다. 이들은 기업과 언론의 '마케팅 파트너십'이라는 명목으로 자기들만의 리그에서 협업하는 체제를 공고히 한다. 차기 대권주자인 장필우 의원이 '비정규직 관련 법안을 목숨 걸고 막고 있으므로' 이들의 광기는 영원할 것만 같다.

이강희는 공식 회의에서 "신문은 사회의 공기이다."라는 기만적 발언을 하고, 김 기자와의 사적인 담화에서는 "미래자동차가 없으면 조국일보도 없다."라는 말로, 기업이 언론을 지배하는 현실을 암시한다. 안상구에게 "저들은 괴물이야. 물리면 물릴수록 뜯기면 뜯길수록 거대한 괴물이 된다."라고 충고 아닌 충고를 하지만, 여기에서 '저들'은 이강희 자신을 포함하는 말일 것이다. 이들은 정치스타, 돈, 언론의 트라이앵글을 이룬다.

　　그렇다면 반대편 우 검사와 안상구는 어떤 공통점으로 연대를 맺게 되었을까? 우 검사가 문방샤시 박종팔의 정체가 드러나 위기에 처한 안상구를 도와주면서 두 사람은 한편이 된다. 우 검사는 경찰이었던 시절엔 경찰대 출신이 아니라고 뺑뺑이 돌림을 당하고, 검사가 되니 지방대 출신이라는 족보 때문에 문제가 되는 인물이다. "줄도 없고 빽도 없는 나 같은 거지 새끼는 나가 뒤지란 말인가요?"라고 절규하는 우 검사는 안상구와 내부자가 되기로 모의한다. 우 검사의 기자회견을 중계한 뉴스는 '내부자의 기자회견'이라는 표현을 씀으로써 우 검사가 제도권 권력과 한 팀임을 명백히 한다. 하지만 우 검사가 이러한 고발을 통해 새로운 족보를 만들려는 것인지 시간이 지남에 따라 점점 애매해져 간다. 사실 안상구와 우 검사의 연대는 고등학교 동창이라는 인맥으로 엮인 이강희 논설주간과 장필우 의원에 비하면 하잘것없는 인연에 불과하다. "학연, 지연이 사람 여럿 죽인다."라는 우장훈의 말대로 한국 사회에서 이러한 네트워크는 커다란 자산이 되고 모든 권력과 부를 움직이는 동력으로 작용하기 때문이다.

그렇지만 그들은 끝까지 '잡종들'끼리의 의리를 저버리지 않고 배신하지 않는다. 우장훈은 어떤 방법으로든 출세해보려는 욕망을 접고, 마지막엔 변호사 개업을 하는 것으로 자신의 삶의 방향을 바꾸어버린다. 그는 일련의 과정을 통해서 '내부자 아닌 내부자'로 살아가는 것보다 당당한 외부자로서의 삶을 선택한 듯 보인다.

## 정의에 대하여

영화 속에서 '정의'에 대한 질문은 반복되며 마지막까지 계속된다. 안상구는 우장훈에게 "대한민국에 정의라는 그런 달달한 것이 남아 있는가?"라고 묻는다. 첫 장면에서 기자가 왜 이런 일(미래자동차의 정관계 불법 로비 자금 폭로)을 하려는지 물을 때에도 "나는 정의심이나 복수심 그딴 거 상관없어요."라면서, 뜬금없이 영화 〈차이나타운〉

의 잭 니콜슨의 대사를 들려준다. "이 도시 사람 절반이 진실을 은폐한다고 해도 나는 상관없어. 내 코가 없어질 뻔했단 말이야. 빌어먹을 난 내 코가 좋아요. 숨 쉬는 것이 좋아요."라고. 그러고는 자신의 장갑을 벗어 보여준다. 안상구는 자신의 손이 좋다고 했다.

그는 평범한 사람들처럼 건강한 몸으로 일상을 살기를 원했던 것이다. 그런데 자신의 손을 가져간 사람들에 대한 분노의 감정을 표현해야 할 때에는 어찌할 바를 모른다. 그의 언어는 깡패의 언어, 못 배운 자의 언어이다. 그는 자신이 좋아하는 영화로 감정을 비유하려 하지만 그것이 여의치 않을 때 온갖 비속어로 자신을 표현한다. 권력자들의 광기와 정신착란을 생각할 때 그의 언어는 대칭적 언어로서 매번 교차되는 거울 이미지이다. 격렬한 뒤섞임의 표현이다.(들뢰즈) 이는 권력자의 횡포가 아니면 이해될 수 없는 저항적 언어이다. 한때는 자신의 심복으로 이용했던 안상구의 손목을 자르는 권력자들. 안상구는 멀쩡한 자신이 정신병원에 감금당해서 점차 바보가 되어가고, 애틋함을 간직했던 여인 주은혜마저 자신을 돕다가 살해당한 현실을 맞대면하면서 지금까지 권력자들에게 '개, 돼지'로 여겨졌을 스스로에 대한 자각에 이르게 된다. 그는 성공하고 싶어서 이강희에게 붙었다가 버림받은 비참한 개의 모습일 뿐이었다.

"개새끼가 주인 밥그릇을 노려? 상구야, 짖지 말고 따라와." 이강희의 전화 속 한마디는 한국 사회의 권력자가 생각하는 사회 구성원 다수에 대한 태도를 보여준다. 권력자들의 광기가 커지면 커질수록 비례하듯 폭발하는 안상구의 분노. 누가 깡패이고 누가 권력자인지 알 수 없는 정신착란의 이중주 속에서 관객들은 어느새 안상구와 우장훈의 통쾌한 반전에 힘을 실어주게 된다. 안상구는 우장훈과 내부고발자가 되면서 자신을 돌아본다. 마지막 부분에서 "사람들이 날 어떻게 기억할까? 정의의 편에 선 건달?"이라면서 쓸쓸하게 웃는 안상구의 모습은 첫 장면에서 맞대면한 모습과 비교해볼 때 많은 변화가 있어 보인다. 최소한 안상구와 우장훈 모두 한때 자신들이 쫓았던 권력의 패를 놓고, 정의에 대한 보다 진지한 성찰에 이르게 된 것으로 보인다.

## 언어의 탈주, 기존의 언어에 구멍 내기

영화의 첫 장면에서 안상구는 깡패의 언어를 구사한다. 그러나 기자회견 때에는 그의 언어가 변한다. 깡패의 언어를 사용하지 않고, 다수의 언어를 사용한다. 다수의 언어는 지배자의 언어이며, 이 언어들이 지배적 위치를 점하고 있는 현실에서 – 특별히 법률 언어가 그러하다 – 이러한 언어들을 통해 다수의 언어는 항구적으로 고착된다. 안상구는 분명 다수의 언어와 자신의 언어를 구별하여 구사할 줄 안다. 그러나 평범한 일상에서는 고유의 언어를 고집한다.

안상구는 자신을 구하려다 희생된 주은혜가 청했던 말, "몰디브 가서 모히또나 한잔하자."라는 말을 마지막에 우 검사에게 건넨다. "모히또 가서 몰디브 한잔하자." 이는 안상구만의 언어이다. 권력의 언어와 규범을 뒤집어서 패러디 한 '모히또'와 '몰디브'. 평생에 몰디브가 어디인지, 모히또가 무엇인지 모르고 살다 갈 평범한 사람들에게 '모히또'와 '몰디브'는 크게 중요하지 않다. 베케트는 "이면에 숨은 것을 보거나 듣기 위해 언어에 구멍을 뚫어야 한다."고 말했다. 안상구의 패러디는 권력의 커다란 상징계에 구멍 뚫기이며, 자기만의 정체성을 표현하는 언어 표현이다. 언어의 탈영토화이며, 새로운 언어가 시작되는 지점이다. 그는 이강희에게 복수하면서 말한다. "남은 손으로 똥이나 닦으쇼. 글 같은 거 쓰지 말고⋯⋯."

언론의 자유, 공정성, 명예를 외치면서, "볼 수 있다."와 "매우 보여진다." 등 분열하듯 단어의 개수를 세던 이강희에게 언어는 무슨 의미였을까? 지식인을 가장한 한낱 파렴치한의 잠꼬대에 불과했을지 모른다. 반면 안상구는 달랐다. 스피박은 '서벌턴(subaltern, 하위 주체)은 말할 수 있는가'라고 했지만 안상구는 탈주를 통해 깊게 파인 홈(sillon)으로부터 벗어나 새로운 언어를 만들었다. 자신만의 고유한 언어로 더듬거렸다.(들뢰즈)

**박영기** 현재 한국외국어대 교육대학원 독서논술교육전공 교수이다. 덕성여대 국문학과 졸업, 한국외국어대 석·박사 학위 취득, 한국교원대 박사후 과정, 덕성여대, 한국교원대, 서울교대, 춘천교대, 공주교대 강사로 출강했다. 저서로 『청개구리들의 독서논술』(2008), 『한국근대아동문학교육사』(2009), 『아동문학프리즘』(2011), 『동시의 길을 묻다』(2015) 등이 있다.

# 미디어로 스토리텔링하기

## - 웹툰 vs 영화 〈내부자들〉

### 천현순

윤태호의 원작 만화에서 이상업이 자신이 처한 현실세계와

돈벌이가 안 되는 사진작가 사이에서 고민하는 인물로 그려진다면,

우민호의 영화에서 검사 우장훈은 개인적인 출세의욕과 공적인 '정의' 사이에서

고민하고 갈등하는 인물로 그려진다.

영화에서 우장훈 역을 맡은 조승우의 격렬하고 열정적인 연기는

이러한 새로운 인물을 더욱 현실적으로 느끼게 해준다.

덴마크 출신의 미래학자 롤프 옌센은 그의 저서 『드림 소사이어티』[4]에서 컴퓨터로 대변되는 정보사회 이후에 등장하는 미래 사회는 드림 소사이어티가 될 것이라고 예언

4   리드리드출판, 2014.

한다. 정보사회에서는 기술적이고 합리적인 사고에 입각한 이성이 중요시 되었다면, 미래의 드림 소사이어티에서는 이성보다는 감성이 중요시 될 것이라는 것이다. 옌센은 미래의 드림 소사이어티에서 이러한 감성은 특히 이야기를 통해 구현될 수 있다고 본다.

21세기 오늘날 우리는 문화콘텐츠산업의 일환으로 스토리텔링이 다양한 측면에서 구현되고 있음을 관찰할 수 있다. 스토리텔링에서 가장 핵심적인 요소는 바로 스토리, 즉 이야기이다. 전통적으로 이야기는 주로 서사시, 산문, 소설 등과 같은 문학의 형식을 통해 전달되어 왔다. 그러나 매체 기술이 발달하면서 하나의 원형이야기는 문학의 범주를 넘어서서 영화, 만화, 애니메이션, 텔레비전, 컴퓨터 게임 등과 같이 다양한 매체로 옮겨져 새롭게 각색되고 재구성되는 이른바 '원 소스 멀티 유즈(One source multi-use)' 현상을 띠고 있음을 알 수 있다. 스토리텔링과 연관해서 한 가지 주목할 점은 이미 존재하는 하나의 원형이야기는 매체의 형식에 따라 다르게 각색되고 재구성된다는 것이다. 즉 동일한 이야기라 하더라도 어떠한 매체를 통해 구현되느냐에 따라 이야기의 구조는 다르게 나타난다. 이때 중요하게 작용하는 것은 이야기를 재구성하는 매체의 형식이라 할 수 있다. 이는 다시 말해서 매체의 형식적 특성이 이야기 구조에 결정적인 영향을 미친다는 것을 말한다. 따라서 스토리텔링에서 중요한 사항은 원형 이야기와 이것이 활용될 매체의 특성을 정확하게 파악하여 그 매체의 특성에 맞게 원래의 원형이야기를 가공하고 재구성하는 능력이라 할 수 있다.

　기존에는 주로 문학작품이 영화화되는 경우가 많았다면, 오늘날에는 원작 만화가 TV드라마나 영화로 각색되는 사례들을 자주 볼 수 있다. 예를 들어 허영만의『각시탈』, 황미나의『굿바이 미스터 블랙』, 박인권의『국수의 신』, 박소희의『궁』 등의 원작 만화는 각각 TV드라마로 각색되어 인기몰이를 하였으며, 또 허영만의『타짜』,『식객』,『미스터고』는 각각 영화로 제작되어 큰 인기를 끌었다. 허영만의 뒤를 이어 최근에는 윤태호 작가의 웹툰 만화가 TV드라마나 영화로 각색되어 인기몰이를 했는데, 그 대표적인 예로는 2014년에 TV드라마로 방영된

〈미생〉과 2015년에 개봉된 우민호 감독의 〈내부자들〉을 들 수 있다. 특히 우민호 감독의 〈내부자들〉은 윤태호 작가의 웹툰을 영화로 새롭게 각색하여 2015년 청소년 관람불가 영화 흥행 1위를 기록할 정도로 많은 호응을 얻었다. 그렇다면 과연 윤태호의 웹툰에서 우민호의 영화로 옮겨지면서 달라진 스토리텔링은 무엇일까?


## '착한' 사진작가 대신 '까칠한' 검사

원작 만화와 비교해서 영화에서 두드러지게 드러나는 차이점은 무엇보다도 우장훈(조승우 분)이라는 새로운 캐릭터가 영화에 화려하게 캐스팅되었다는 점이다. 윤태호의 원작 만화에는 이상업이라는 르포 사진작가가 등장하는데, 우민호의 영화에는 이상업 대신 우장훈이라는 캐릭터가 등장한다. 원작 만화에서 이상업은 자신이 처한 현실과 그 현실을 담아내는 사진작가의 역할에 대해 고민하는 지식인으로 나온다. 그는 '이상업 작가와 함께하는 즐거운 사진 강좌'에서 아마추어 사진반 사람들에게 사진작가가 처한 현실과 사진의 기능에 대해 다음과 같이 설명한다. "사진은 때로 불온하게 쓰일 수 있습니다. 프레임으로 결정된 시각은 셔터를 누르는 자의 의지가 반영되고, 비약·왜곡의 위험에 노출되기도 합니다. (…) 우리가 찍는 사진은 생각보다 훨씬 강력하게 오해될 수 있다는 점을 말씀드리고 싶습니다. 따라서 '지금'에 대해 깊게 고민하지 않으면 안 됩니다." 여기서 현실과 사진작가에 대한 이상업의 고민은 1920년대 독일의 드라마작가 베르톨트 브레히트가 겪었던 시대의 고민을 연상시켜준다. 브레히트는 당시 뉴미디어로 인식되었던 사진을 현실의 복잡한 관계들을 단지 제한적으로만 보여주는 시각매체로 보았으며, 따라서 사진은 매체적인 한계로 인해 얼마든지 왜곡되고 조작될 수 있는 것으로 인식하였다. 따라서 브레히트는 사진을 통해 현실의 복잡한 문제를 담아내고자 하는 사진작가에게 중요한 것은 현실을 있는 그대로 보여주는 방식이 아닌 무언가 '인위적인 조작'이라고 보았다. 영화 〈내부자들〉에서는 우민호 감독의 아이디어에 따라 사진작가 이상업 대신 조직사회에서 '왕따'를 당하는 까칠한 성격의 서울지검 검사인 우장훈이 등장한다. 영화에서 우장훈은 사회적인 출세와 성공을 갈망하지만 소위 '족보'가 없는 지방대학 출신으로서 출세에 제한을 받는 캐릭터로 그려진다. 윤태호의 원작 만화에서 이상업이 자신이 처한 현실세계와 돈벌이가 안 되는 사진작가 사이에서 고민하는 인물로 그려진다면, 우민호의 영화에서 검사 우장훈은 개인적인 출세의욕과 공적인 '정의' 사이에서 고민하고 갈등하는 인물로 그려진다. 영화에서 우장훈 역을 맡은 조승우의 격렬하고 열정적인 연기는 이러한 새로운 인물을 더욱 현실적으로 느끼게 해준다.

## 원톱에서 쓰리톱으로

"영화가 끝나면 지가 주연인지 조연인지 알게 될 겁니다." 이 대사는 조국일보 논설위원인 이강희의 말이다. 이 대사처럼 영화가 끝나고 난 후 이강희는 '원톱 주연'

이 아니었음이 드러났다. 원작 만화에서는 이강희가 상당히 비중 있는 인물로 등장하고 있으며, 윤태호 작가 또한 2015년 10월 26일 영화 〈내부자들〉 무비토크 라이브에서 그가 만들어낸 캐릭터 가운데 가장 중요한 인물은 은밀하게 정치판을 설계하는 이강희라고 언급한 바 있다. 그림과 텍스트를 통해 캐릭터의 성격을 파악해야 하는 웹툰과 달리 영화에서는 목소리, 행동, 제스처, 몸짓, 얼굴 표정 등 한 인물의 성격을 파악하는 요소들이 상대적으로 많이 제시된다. 이러하다 보니 말없이 조용하게 자신의 머릿속에서 주변 인물들을 적당히 '요리하고' 자신의 이해관계에 따라 정치판을 설계하는 이강희의 역할이 영화에서 다소 약화되었다는 느낌을 준다. 영화에서는 이강희의 비중이 상대적으로 약화되면서 안상구, 우장훈, 이강희의 삼각구도로 전개되고 있으며, 이강희보다는 오히려 액션 연기가 많고 멋쟁이 신사에서 손목이 하나 잘린 불구에 이르기까지 다양한 모습으로 변신하는 안상구의 역할이 더욱 강하게 부각되고 있음을 알 수 있다.

원작과 달리, 영화에서 시각적으로 눈에 띄게 달라진

인물은 조폭 안상구(이병헌 분)다. 만화에서 안상구는 짧은 머리에 곰처럼 덩치가 큰 건달로 그려지는데 반해, 영화에서 안상구 역을 맡은 이병헌은 날씬하고 훤칠한 몸매에, 유달리 패션 감각이 뛰어나고, 영화를 광적으로 좋아하는 영화 마니아면서, 1980년대 인기가수 이은하의 〈봄비〉를 흥얼거리기 좋아하는 일명 '기생 오라버니' 같은 인물로 그려진다. 영화에서 전라도 사투리를 능청스럽게 구사하는 이병헌의 거친 액션 연기는 과연 프로다운 '일품' 연기이며, "모히또 가서 몰디브나 한잔할까?"라는 그의 대사는 무식하고 배우지 못했지만 '의리' 하나는 소중히 여기는 전라도 출신의 전형적인 조폭의 성격을 잘 드러내준다.

## 여백의 미학에서 내러티브의 미학으로

웹툰과 영화의 가장 큰 차이점은 무엇보다도 완결성에 있을 것이다. 윤태호 작가의 〈내부자들〉은 원래 2012년 한

겨레 오피니언 매거진 훅에 연재된 웹툰인데, 웹툰으로는 73회까지만, 이것을 다시 책으로 펴낸 만화책은 같은 해 1편까지만 출간된 미완성의 작품이다. 미완으로 끝난 원작 만화에서 건달 안상구는 자신을 폐인으로 만든 장본인을 여전히 일국당 국회의원인 장필우라고 생각한다. 안상구는 그에 대한 복수를 갈구하면서 그가 오랫동안 형님으로 받들어 모시는 이강희에게 복수할 수 있도록 도움을 요청한다. 원작 만화의 맨 마지막 장면에서 이강희는 개인적인 친분이 있는 안상구와 자신의 정치적인 야망을 채워줄 장필우 사이에서 갈등하면서 책상 앞에 놓인 원고를 작성해 가지만, 그의 원고는 "강한 기억에는 판단이 약하다"라는 제목만 달린 채 여전히 흰 여백으로 남아있다. 이로써 윤태호의 만화는 앞으로 이야기가 어떻게 전개될지를 온전히 독자들의 상상력에 맡겨둔다.

이에 반해, 우민호의 영화는 완결로 끝난다. 영화에서 안상구는 검사 우장훈을 통해 그를 폐인으로 만든 장본인은 장필우가 아닌 이강희라는 사실을 비로소 알게 되고, 그에 대한 복수를 계획하면서 우장훈과 함께 한 편의 영화를 찍기 위한 시나리오를 만들어낸다. 영화에서 안상구, 우장훈, 이강희 사이에서 벌어지는 숨 막히는 두뇌싸움이 반전과 역전을 거듭하면서 결국 최후의 생존자는 내부자들인 안상구와 우장훈으로 드러난다. 적과의 동침과도 같은 조폭 안상구와 검사 우장훈의 공동 작업을 통해 정치, 경제, 언론의 추한 밀착관계의 전모와 비자금의 비밀이 완전히 폭로된다.

　　원작 만화의 마지막 장면과 유사하게 우민호의 영화 〈내부자들: 디 오리지널〉은 교도소에 수감 중인 이강희가 책상 앞에 앉아 익명의 인물과 전화하는 장면을 맨 마지막으로 보여준다. 그러나 여백으로 남겨둔 원고지 앞에서 괴로워하는 이강희의 모습 대신에, 우민호의 영화는 전화에 대고 조용히 속삭거리는 이강희의 내러티브 독백을 통해 대한민국의 민족성과 그 자신의 은폐된 민낯을 적나라하게 들려준다. "우리나라 민족성이 원래 금방 끓고 금방 식지 않습니까? 적당한 시점에서 다른 안주거리를 던져주면 그뿐입니다. 어차피 그들이(대중들이) 원하는 것은 진실이 아닙니다." 이로써 우민호의 영화는 "정의? 대

한민국에 아직도 그런 달달한 것이 남아 있긴 한가?"라는
씁쓸한 의문을 관객들에게 던져준다.

**천현순**  현재 이화여대, 한신대, 원광대 등에 출강 중이다. 이화여자대학교 독어독문
학과 및 동 대학원을 졸업하고 독일 쾰른대학교에서 상호매체성이론으로 문학박사학위
를 취득했다. 저서로 『알렉산더 클루게에 나타난 이미지와 텍스트 사이의 상호매체성:
근대와 현대의 조응을 중심으로(Intermedialität von Text und Bild bei Alexander Kluge. Zur
Korrespondenz von Früher Neuzeit und Moderne)』, 『매체, 지각을 흔들다』(2012) 등이 있고,
논문으로 「탈활자 문화의 전개양상에 대한 연구」, 「사이언스 픽션에서 사이언스 팩트로」,
「인공수정된 인간에서 복제된 인간으로」 등 다수가 있다.

# '허벌나게' 정의로운 사회에 대한 갈망과 이병헌의 연기력

**이숙경**

<내부자들>에 등장하는 인물들이

허구 속 인물들에 불과하다고 생각할 관객이 과연 얼마나 될까?

이들은 이제껏 TV, 드라마, 영화에서 보아온 인물들보다 현실에 더 근접해있다.

우민호 감독은 대한민국 국민이 오랜 세월 동안 보도매체를 통해

경험한 사안들을 감각적인 대사와 이미지, 연상 기법을 통해 우회적으로 표현함으로써

픽션과 실제 사이를 오가며 관객의 상상력을 자극한다.

## 관객을 끄는 힘과 두 개의 축

우민호 감독의 〈내부자들: 디 오리지널〉(2015, 감독판)을 처음 보았을 때 '이젠 한국에 이런 영화도 나오는구나' 생각했고, 한 번 더 보고 나서는 청소년 관람불가인 이 영화가 누적관객수 920만 명을 동원한 힘은 과연 무엇일까 궁

금했다. 평소 정치적으로 민감한 사안들을 담아내는 데 있어서 한국 영화가 현실을 쫓아가지 못한다는 생각을 갖고 있던 필자는 사회의 어두운 민낯을 적나라하게 드러내는 〈내부자들〉이 인구에 회자되는 사태에 눈길이 간다.

영화는 두 개의 축이 대결하는 구도이다. 한 축에는 재벌권력을 대변하는 미래자동차 오현수 회장, 그의 후원을 등에 업고 최고 권력자가 되고자 하는 신정당 장필우 의원(이경영 분), 그리고 이들을 위해 여론을 주무르는 조국일보 논설주간 이강희(백윤식 분)가 자리하고, 다른 축에는 이강희가 정치깡패로 키운 전 연예기획사 대표 안상구(이병헌 분)와 지방대/경찰 출신 서울지검 특수부 소속 우장훈 검사(조승우 분)가 자리한다.

전자의 결속이 오현수 회장의 후원을 기반으로 이강희가 판을 짜고 차기 대권주자인 장필우가 권좌에 오르는 시나리오를 기반으로 한다면, 후자의 조합은 깡패 조직의 두목이었던 안상구가 이강희를 소개받으면서 음모에 연루되고 결국은 배신당해 궁지에 몰리면서 내부고발자의 길을 선택하고, 족보 없는 평검사 우장훈은 부장검사 밑에서 충성을 다하며 대검 중수부로의 입성을 꿈꾸다 정의로운 대한민국을 위해 내부자의 길을 선택하면서 가능해진다.

## 픽션과 실제 사이를 오가는 상상력의 유희

〈내부자들〉에 등장하는 인물들이 허구 속 인물들에 불과하다고 생각할 관객이 과연 얼마나 될까? 이들은 이제껏 TV, 드라마, 영화에서 보아온 인물들보다 현실에 더 근접해있다. 우민호 감독은 대한민국 국민이 오랜 세월 동안 보도매체를 통해 경험한 사안들을 감각적인 대사와 이미지, 연상 기법을 통해 우회적으로 표현함으로써 픽션과 실제 사이를 오가며 관객의 상상력을 자극한다. 영화의 시작은 음모와 반전 그리고 말미에 추잡한 진실이 드러나는 영화 〈차이나타운〉(감독: 로만 폴란스키, 1974)의 인용으로 시작된다.

　본 영화가 시작되기 전 오프닝 장면에서 안상구는 정

치스타와 기업인의 야합을 폭로하려는 이유가 정의심이나 복수와 관련이 없음을 기자에게 밝힌다. 그는 담배를 피우며 오른손 대신 낀 의수를 빼내 보이며 "빌어먹을, 내 손이 없어졌단 말이오. 난 내 손이 좋아요, 밥도 먹고 똥도 닦고 가끔 딸딸이도 치고."라고 말한다. 이는 〈차이나타운〉 속 사립탐정 잭 니콜슨의 대사 "이 도시 사람들 절반이 그 사실을 은폐하려는 것 같지만, 난 그것은 상관없소. (…) 빌어먹을, 내 코가 없어질 뻔했단 말이오. 난 내 코가 좋아요. 숨 쉬는 게 좋단 말이에요."와 연결되면서 의외성을 지닌 안상구 캐릭터를 잘 드러낸다.

손 모티브는 〈내부자들〉에서 반복적으로 등장한다. 미래자동차 전 재무담당자 문일석은 비자금 용도로 조성한 3000억 가운데 300억을 선거자금으로 장필우에게 건네고 나머지 자금을 관리하는 과정에서 일부 자금을 빼돌린 행적이 들통나 쫓겨나는데, 억울한 마음에 우장훈 검사에게 넘기려던 자료를 안상구에게 빼앗기고 그 과정에서 망치로 오른손을 두들겨 맞는 상상에 내몰리며 공포심에 사로잡힌다. 그리스 신화에서 유래하는 '미다스'의 손이 돈 버는 재주를 넘어 탐욕을 부리다 응징을 당할 모양새다. 손 모티브는 오른손으로 글을 쓰는 이강희 캐릭터에서도 몰입도 있게 활용되고 있다.


## 스토리를 매개하는 서사와 말/글 공해(公害)

오프닝 장면 이후 처음 모습을 드러낸 이강희는 조국일보 집필실에서 등을 보이며 서서 누군가와 전화통화를 한다. 그는 통화에서 검찰 수사를 피할 수 없을 것 같고 여론을 잠재울 방법을 모색할 것임을 밝힌다. 이강희는 공모에 불리하게 작용할 사안에 대해서는 미리 손을 쓴 후 원하는 방향으로 논설문(예: 「미래자동차 비정규직 농성 확대, 누굴 위한 싸움인가?」 「비정규직 노동자, 국민에게 악영향!」 「석명관 前은행장, 서울지검서 投身!」 「검찰의 과잉 조사가 초래한 석명관의 자살!」)을 작성하는 언론인의 전형이다. 그는 "어차피 대중들은 개, 돼지입니다. 거 뭐 하러 개, 돼지들한테 신경을 쓰시고 그러십니까? 적당히 짖어대다가 알아

서 조용해질 겁니다."라는 대사를 통해 대중을 폄하하는 사고를 여지없이 드러낸다.[5]

〈내부자들〉에서 말과 글은 있는 자들만의 권력이자 힘으로 작용한다. 이는 기자회견을 통해 정경유착의 사례를 폭로하려던 안상구가 전직 깡패였다는 이유로 신뢰를 얻지 못하고 오히려 궁지에 몰리는 상황에서 확인된다. 또한 중수부는커녕 6개월 정직을 당한 우장훈 검사는 자신을 봐주던 부장검사로부터 "그러게 잘하지 그랬어. 아님 잘 좀 태어나든가"라는 말을 들은 후 내부자가 되기로 결심한다. 의도적으로 이강희의 환심을 사 중수부로 들어간 그는 오현수 회장, 장필우 대선후보, 이강희 주간의 밀실 회합 자리에 들어가 성접대 동영상을 촬영한다.

안상구가 동영상(제목: 카이사르의 것은 카이사르에게)을 인터넷으로 유포시킨 후, 재벌, 스타 정치인, 언론인의

---

5  이는 2016년 7월 초 나 모 교육부 정책기획관이 기자들과의 식사 자리에서 민중을 개, 돼지에 비유하고 신분제의 공고화 필요성을 주장하여 사회적으로 논란이 된 사건과도 맞물린다.

권력카르텔은 파기되는 듯한 형국으로 접어든다. 우장훈은 중수부 소속 검사의 지위로 기자회견을 열어 안상구가 기자회견에서 언급했던 내용, 즉 미래자동차의 정관계 불법 로비자금 조성 및 집행을 재확인하고, 안상구를 둘러싸고 일었던 의혹들이 조작된 것임을 밝힌다. 이로써 본영화는 권력욕, 명예욕, 성욕을 젊게 사는 비결로 여기며 자신들의 구상이 관철되리라 확신했던 3인방의 계획이 수포로 돌아가는 것으로 끝이 난다.

## 순환과 반복 - 끝나도 끝난 게 아닌

영화〈이끼〉, 드라마〈미생〉의 원작자로 주목받은 윤태호 작가의 웹툰 원작은 처음 영화로 만들어져 관객과 만났을 때만 하더라도 130분 분량이었고, 관객들의 호응에 힘입어 180분 버전으로 거듭날 수 있었다. 미완이었던 원작의 콘셉트를 모두 반영해 제작한 버전(3시간 40분 분량)까지는 아니더라도 180분 버전이 관객들에게 큰 호응을 얻은 것에는 짜임새 있는 시나리오도 한몫한다. 감독은 오프닝에 새로운 장면을 추가했을 뿐 아니라, 엔딩 크레디트 후 진짜 엔딩 장면을 추가하여 부조리한 사회를 통찰하는 다른 시각을 제시하고 있다.

이강희는 글을 쓰던 오른손을 안상구에 의해 잃고 의수를 착용한 채 결국 감옥에 수감되지만, 집무실을 연상시키는 공간에 놓인 책상에 앉아 담배를 피우며 누군가와 전화통화를 한다. 통화의 요지는 한국인의 냄비근성과 진실 여부에 대한 무관심이다. 감독은 종결 부분에서 "까짓거, 왼손으로 쓰면 되죠"라고 말하며 호탕하게 웃는 이강희의 모습을 통해 그의 '부활'을 암시하고 있다. 이는 여러 모티브들, 예컨대 손, 담배, 오징어, 개, 똥 모티브가 반복적으로 사용되면서 바뀔 것 같으면서도 쉽게 개선되지 않는 현실을 비유적으로 묘사하는 방식과도 연결된다. 모바일 게임 '포켓몬GO'로 가상과 현실의 혼재를 경험하는 요즈음 기상천외한 소식들은 여전히 연일 우리들의 귓전을 맴돈다.

**이숙경** 현재 상명대학교 어문학연구소 학술연구교수이다. 성균관대학교 독어독문학과를 졸업하고, 서울대학교 대학원 석/박사과정 수료 후, 오스트리아 그라츠대학에서 호르바트의 후기 극작술 연구로 문학박사학위를 취득했다. 영화 <타인의 삶>, <천국의 가장자리>에 대한 논문과 데아 로어의 드라마 <무죄>와 <도둑들>, 롤란트 시멜페니히의 드라마 <황금 용>에 관한 논문 및 토마스 오스터마이어의 연출작 <햄릿>, 미하엘 탈하이머, 위르겐 고쉬, 팔크 리히터의 연출미학, 피나 바우쉬의 탄츠테아터와 자비에 르 르와의 퍼포먼스에 관한 논문 등이 있다. 독일어권 드라마 및 공연예술 등을 강의하며, 독일어권 연극의 공간전략에 관한 연구를 진행 중이다.

# &lt;내부자들&gt;로 바라본 우리 사회

### - 허구와 실체 사이

**김영아**

이강희의 간죽거림과 웃음 속에서 결코 세상은 바뀌지 않을 것이며

그들이 가진 권력은 영원히 지속될 것임을 암시한다.

그의 대사처럼 대중들이 원하는 것이 과연 진실인지 생각해보게 된다.

어느 순간 진실을 마주하기보다는 그것을 둘러싼 다른 것에 현혹되기 쉽다.

시간이 지나면 무엇이 진실인지조차 분간하기 어렵고,

또 다른 사건들과 마주하면서 진실은 우리의 기억 속에서 서서히 잊힌다.

진실은 허구보다 훨씬 더 낯설다.

마크 트웨인

## 예술과 현실: 영화는 단순한 허구의 이야기인가?

조 모 청와대 전 공직기강비서관은 2016년 한 라디오 방
송의 인터뷰 중 자신을 "저 나름으로는 손모가지 잘린 이
병헌 그런…"이라 표현하였다. 청와대 내부 문건 유출 사
건으로 사임한 조 전 비서관은 야당의 국회의원 후보로

나서면서 〈내부자들〉과 자신을 오버랩한 적이 있었고, 자신의 신세가 이병헌 같다는 생각을 했다는 말도 덧붙였다. 그가 "손모가지 잘린 이병헌"이라고 비유한 영화가 바로 〈내부자들〉이다. 이 영화에서 깡패 안상구(이병헌 분)는 권력자들에게 충성을 다하다 오른손을 잘리는 인물로 등장한다.

2016년 청룡영화상 최우수작품상과 남우주연상을 수상한 〈내부자들〉은 윤태호의 웹툰을 원작으로 한 영화 〈내부자들〉과 감독판 〈내부자들: 디 오리지널〉이 차례로 개봉되어 통합 900만 명의 관객을 넘어섰다. 또한 웹툰을 원작으로 한 영화는 물론 청소년 관람불가 영화 중에서도 최다 관객을 기록했다.[6]

2014년 정 모 의원의 막내아들은 박근혜 대통령의 세

---

6  2013년 개봉한 HUN 원작의 영화 〈은밀하게 위대하게〉는 6,959,083명이 관람하였고 〈내부자들〉은 7,072,507명, 그리고 〈내부자들: 디 오리지널〉은 2,084,868명의 관객이 관람하였다. 〔영화진흥위원회 역대 박스오피스(http://www.kobis.or.kr) 통계기준일: 2017년 1월 23일〕

월호 침몰 사고 현장 방문을 비난한 여론에 대해 "국민이 모여서 국가가 되는 건데 국민이 미개하니까 국가도 미개한 것 아니겠느냐."라는 글을 SNS에 올렸다. 또한 "국민 정서 자체가 굉장히 미개한데 대통령만 신적인 존재가 돼서 국민의 모든 니즈를 충족시키길 기대하는 게 말도 안 되는 거지."라고 주장했다. 논란이 일자 정 의원은 사과를 했지만, 여당의 서울시장 예비후보였던 그는 결국 서울시장 선거에서 낙선했다.

2016년 7월 초 나 모 교육부 정책기획관은 기자들과 식사를 하던 중 "민중은 개, 돼지로 취급하면 된다.", "먹고 살게만 해주면 된다."라고 말했다. 또한 "신분제를 공고화해야 한다."라고 하면서 "미국을 보면 흑인이나 히스패닉은 높은 자리에 올라가려고 하지 않는다. 상하 간 격차가 어느 정도 존재하는 사회가 합리적인 사회"라고 주장해 커다란 파문을 일으켰다.

정 모 의원의 막내아들과 나 모 정책기획관의 발언은 많은 대중의 공분을 샀다. 나 모 정책기획관은 기자들과 이야기를 나누면서 영화 〈내부자들〉을 언급했고, 그의 말은 〈내부자들〉 속의 조국일보 논설주간 이강희(백윤식 분)의 대사와 거의 일치한다. "어차피 대중들은 개, 돼지입니다. 거 뭐하러 개, 돼지들한테 신경을 쓰시고 그러십니까. 적당히 짖어대다가 알아서 조용해질 겁니다."

〈내부자들〉은 자살로 생을 마감한 신인배우의 성 접대 리스트, 법무부 차관 성 접대 사건, 기업의 정계 로비 자금 사건, 불법 대출, 비자금 조성, 국회의원의 검찰 출석 불응, 검찰에 조사를 받으러 온 기업인들의 입원 사태, 사건 관련자들의 도피성 출국, 검찰 조사를 앞둔 사람들의 자살 소식 등 우리 사회에서 실제 일어났던 수많은 사건들을 떠올리게 한다.

물론 이 영화는 허구의 이야기다. 영화의 엔딩 자막에는 "이 영화에서 언급되거나 묘사된 인물, 지명, 회사 및 단체, 그 밖에 일체의 명칭 그리고 사건과 에피소드 등은 모두 허구적으로 창작된 것이며 만일 실제와 같은 경우가 있더라도 이는 우연에 의한 것임을 밝힙니다."라고 소개되어 있다. 영화는 실제가 아닌 허구의 이야기라는 점을 강조하고 있는데 관객이 허구 속의 이야기에 빠

져드는 것은 왜일까? 허구의 이야기에서 현실을 떠올리고, 투영하는 이유는 무엇일까? 예술은 현실의 모방과 재현을 통해 묘사되고, 예술 속에 등장하는 내용 대부분은 실제로 있었거나 있을 법한 이야기에서 소재를 가져오기 때문이다.

## 대한민국 사회의 현실을 다룬
## 드라마 〈미생〉과 영화 〈내부자들〉

드라마 〈미생〉[7]과 영화 〈내부자들〉은 윤태호의 웹툰을 원

---

7 『미생–아직 살아있지 못한 자』는 2014년 '직장인이 뽑은 최고의 책'으로 선정되었으며, 2012년 문화체육관광부 '오늘의 우리 만화', 2012년 대한민국 콘텐츠 대상 '만화 부분 대통령상', 2013년 대한민국 국회대상 '올해의 만화상'을 수상하였다. tvN에서 제작한 드라마 〈미생〉도 '2014케이블TV 방송대상'에서 대상을 받았으며, '한국방송비평상'도 수상했다. 현재 웹툰 〈미생〉 시즌2가 연재중이며, 연재 완결 후 드라마로 제작될 예정이다. 또한 2016년 일본의 고단샤에서 만화책으로 출간되었으며, 후지TV에서 〈HOPE: 기대 제로의 신입사원〉이라는 제목으로 리메이크되었다. 중국에서도 드라마로 2017년 방송될 예정인 것으로 알려졌다.

작으로 하고 있다는 점, 한국 사회의 실상을 적나라하게 드러내고 있다는 점, 우리나라 서사예술의 흔한 흥행 코드인 '사랑' 이야기 없이도 성공한 콘텐츠라는 점에서 공통점을 찾을 수 있다.

〈미생〉에서는 원 인터내셔널 상사를 배경으로 다양한 상하 관계의 인간 군상들이 등장한다. 이 드라마는 계약직 사원 장그래(임시완 분)의 내레이션으로 프로 바둑기사를 꿈꾸었던 그의 과거 바둑 이야기가 오버랩 된다. 〈미생〉은 우리 사회의 문제점으로 지적되는 비정규직에 대해 다루었다. 드라마 방영 이후 국회에서 주인공의 이름을 딴 '장그래법'의 법안(비정규직 종합 대책)을 발의할 만큼 반향이 컸다. '88만 원 세대'[8]에 이어 2014년의 '장그래'는 계약직과 비정규직이라는 불안한 사회적 신분에 내

---

[8] '88만 원 세대'는 2007년 출간된 『88만원 세대』에서 처음으로 쓰였는데, 88만 원은 우리나라 전체 비정규직의 평균 임금 약 119만 원에 20대의 평균 임금 비율 74%를 곱한 금액을 말한다. 이탈리아의 '천 유로 세대'에 해당된다.(우석훈·박권일, 『88만원 세대』, 레디앙, 2007, 18~21쪽 참조)

몰린 젊은 세대들의 취업난을 보여주었다. 그래서일까? 『미생』은 2014년 주요 대학의 학생들이 도서관에서 대출한 책 중 높은 순위를 차지한 것으로 조사됐다.

〈미생〉의 장그래와 〈내부자들〉의 우장훈(조승우 분)은 흙수저와 비주류로 대표되는 인물이다. 고졸 출신 장그래는 프로 바둑기사의 꿈을 접고 자신을 후원하던 회사 전무의 추천을 통해 계약직 사원으로 입사하게 된다. 〈내부자들〉의 우장훈은 지방대 출신으로 줄도 없고 빽(?)도 없는 검사로 등장한다.


## 공공연한 비밀과 대중

〈미생〉의 장그래는 대졸 출신의 동기들 그리고 같은 부서의 직장 상사들과 업무를 진행하며 자신의 능력을 발휘하지만, 2년 계약 종료 이후 그가 원하던 정규직으로 전환하지 못한 채 드라마는 막을 내린다. 〈내부자들〉의 안상구와 우장훈은 유력 대권 후보 장필우(이경영 분) 의원과 이강희 주간, 미래자동차 오 회장의 성 접대 동영상을 세상에 유포하면서 그들의 파멸을 보여준다. 우장훈의 폭로 기자회견 장면을 TV에서 본 이강희는 마치 타인의 인생을 이야기하듯 "씨발 좆됐네."라며 비아냥거린다. 환자복을 입은 오 회장은 휠체어를 타고 입원을 한다. 우리에게 낯설지 않은 장면 중 하나이다. 검찰소환에 불응하고 잠적한 장필우 앞에는 술병과 슬리퍼, 휴지조각들이 널부러져 있다. 그는 담배 연기가 난무한 호텔방에 맨발로 앉아 "졸라 고독하구만."이라고 말한다. 지위와 어울리지 않게 그들이 쏟아내는 비속어와 주변 상황은 나락으로 떨어진 그들을 비웃기라도 하듯 매우 희극적이기까지 하다. 출소한 안상구와 변호사 사무실을 개업한 우장훈이 여의도의 국회의사당을 바라보며 "날도 좋은데 모히또 가 몰디브나 한잔할까?"라는 농담 섞인 대화를 나누는 것으로 경쾌하게 마무리된다.

그러나 영화는 엔딩의 이강희 대사를 통해 해피엔딩이 아님을 보여준다. 수감된 이강희는 교도소 안의 책상 앞에 앉아 담배를 피우며 누군가와 통화하고 있다. "어차피 그들이 원하는 건 술자리나 인터넷에서 씹어댈 안주거리가 필요한 겁니다. 적당히 씹어대다가 싫증이 나면 뱉어버리겠죠. 이빨도 아프고 먹고 살기도 바쁘고. 맞습니다. 우린 끝까지 질기게 버티기만 하면 됩니다. 우리나라 민족성이 원래 금방 끓고 금방 식지 않습니까? 적당한 시점에서 다른 안주거리를 던져주면 그뿐입니다. 어차피 그들이 원하는 건 진실이 아닙니다. 고민하고 싶은 얘기는 고민거리를, 울고 싶은 얘기는 울 거리를, 욕하고 싶어 하는 얘기는 욕할 거리를 주는 거죠. 열심히 고민하고 울고 욕하면서 스트레스를 좀 풀다보면 제풀에 지쳐버리지 않겠습니까? 예? 오른손이요? 까짓거 왼손으로 쓰면 되죠?"

이강희의 깐죽거림과 웃음 속에서 결코 세상은 바뀌지 않을 것이며 그들이 가진 권력은 영원히 지속될 것임을 암시한다. 잘린 오른손 대신 왼손으로 글을 쓰겠다는 그의 말은 갖은 방법과 수단을 동원하여 자신들의 권력을 끝까지 이어가겠다는 강한 다짐처럼 느껴지기도 한다. 다소 씁쓸하기는 하지만 현실의 모습을 보여줘 오히려 리얼

리티를 살린 결말이라고 여겨진다.

이강희의 대사처럼 대중들이 원하는 것이 과연 진실인지 생각해보게 된다. 어느 순간 진실을 마주하기보다는 그것을 둘러싼 다른 것에 현혹되기 쉽다. 시간이 지나면 무엇이 진실인지조차 분간하기 어렵고, 또 다른 사건들과 마주하면서 진실은 우리의 기억 속에서 서서히 잊힌다. 대중은 다른 사람의 설명과 해석을 지나치게 신뢰하는 경향이 있다. 많은 정보와 지식을 갖지 못한 대중은 조작된 사실, 의도된 여론에 따라 움직이기도 한다. 미국의 언론인 월터 리프만(Walter Lippmann)은 대중은 우매해서 여론에 조작되기 쉽고, 국가의 방향을 결정하는 것은 엘리트의 몫이라고 주장한다.

"민중은 개, 돼지"라는 실제의 발언과 허구 속의 이강희의 말에 우리는 분개하며 그들을 비난하지만 때로는 자조적으로 스스로를 개, 돼지로 폄하하기도 하고, 또 한편으로는 그들의 발언에 동의하기도 한다. 어떻게 보면 그들이 입 밖에 내지 않았을 뿐 그동안 이 말은 은밀하게 공공연한 비밀로 존재했을지도 모른다.

## 99%를 위하여

충성을 다하다 오른손을 잘리고 복수를 준비하고 있던 안상구는 자신을 설득하는 우장훈을 쉽사리 믿지 못한다. 그런 안상구에게 우장훈은 다음과 같이 말한다. "대한민국 헌법 제11조 1항 모든 국민은 법 앞에 평등하다. 성별, 종교, 또는 사회적 신분에 의하여 정치적, 사회적, 경제적, 문화적 생활의 모든 영역에 있어서 차별을 받지 아니한다. 야, 깡패야, 우리 아들(애들)은 그런 나라서 살아야 하지 않겠나?" 이 말을 들은 안상구는 우장훈에게 "우리 아버지가 죽기 전에 그러더만. 상구야 착하게 살아라. 하늘이 다 보고 있응께!"라며 자신의 목에 걸고 있던 비자금 파일 복사본의 원본이 담긴 USB를 넘긴다.

이들의 대사를 통해 99%의 사람들은 느낄 것이다. 모든 국민이 평등하지는 않지만 우리가 살고 있는 세상이 적어도 다음 세대, 미래 세대에는 좀 더 나아지기를 희망하고, 남을 등치고 밟으면서 악하게 살기보다는 착하게 살아가기를 말이다. 극 중 장필우는 "어차피, 인생

의 주인공은 다 정해져 있는 거란다."라고 말하지만 언
젠가는 인생의 주인공도 바뀔 수 있다는 꿈을 꿀 수 있기
를 말이다.

영화〈내부자들〉은 극장에서 막을 내렸다. 그러나 실
사판〈내부자들〉은 아직 끝나지 않았다. 마치 네버 엔딩
스토리처럼……

**김영아**　연극배우로〈메디아〉,〈억척어멈〉,〈난파〉,〈날개〉,〈호두까기인형〉외 다
수의 작품에 출연하였다. 한국외국어대학교에서「그림연극의 발전과정과 현대성 연구」
로 박사학위를 받았으며, 주요 관심사는 연극, 공연예술, 예술교육, 대중예술, 문화콘텐
츠 등이다. 저서로『몸의 예술 서커스를 말한다』(2013),『예술과 트렌드: 고급과 대중 사
이』(2016)가 있으며, 한국외국어대학교와 동덕여자대학교, 상명대학교에서 강의하고 있
다. 시니어씨어터페스티벌의 사무국장으로 연극의 외연을 확장하는 작업에 관심을 갖고
새로운 일들을 추진해가고 있다.

# &lt;내부자들: 디 오리지널&gt;

## – 잘 만든 영화, 위험한 영화

**조수진**

영화 &lt;내부자들&gt;이 아무리 적나라하게 권력의

탐욕스럽고 추잡한 이면을 까발리고 있어도, 영화가 알아서

관객들의 분노 게이지도 올렸다 내렸다 조절해주고

관객들의 카타르시스 강도까지 조절해주는 한,

이 영화를 통해 진취적이고 능동적인 정치적 관심을 끌어내기란 쉽지 않다.

장르영화의 목적이 여기에 있지 않기 때문이다.

혁명은 TV에 나오지 않는다. [9]

문강형준

한동안 모 예능 프로그램에서 "꽁트는 꽁트일 뿐 오해하지 말자."라는 말이 유행한 적이 있다. 전체 프로그램 중 한 꼭지를 차지했던 목욕탕 토크에서 출연 연예인들은 목

9 『혁명은 TV에 나오지 않는다』, 이매진, 2012.

욕탕에 모여 앉은 동네 여인들이라는 설정 아래, 남자연예인도 모두 '○○댁'이 되어 구수한 사투리를 써가며 서로의 근황, 연애, 허점, 치부 등을 웃음의 소재로 삼아 주거니 받거니 말장난을 벌였고, 때로는 스스로 자신의 치부를 드러내며 예능계에서 살아남기 위해 발버둥을 치곤했다. 그러나 이 꼭지의 진정한 묘미는 이러한 살벌한 폭로전을 마무리하는 방식에 있다. 마지막이 되면 출연진들은 모두 박수로 박자를 맞춰가며 "꽁트는 꽁트일 뿐 오해하지 말자."라고 목 놓아 외쳤는데, 이는 한편으로는 자신들이 벌였던 서로에 대한 폭로전이 시청자들에게 웃음을 선사하기 위한 서비스였을 뿐 사실과는 무관하니 깊게 생각하지 말아달라는 요청이었고, 다른 한편으로는 사실과 개그의 경계 사이에서 묘한 줄타기를 하며 시청자들의 호기심을 자극하는 또 하나의 재미코드이기도 했다.

<내부자들: 디 오리지널>
- 잘 만든 영화, 위험한 영화

## 영화적 공간으로의 초대: "니 나랑 영화 한 편 하자."

영화 〈내부자들〉의 오프닝시퀀스는 관객들에게 영화 속 세계로 들어올 것을 요청하는 다양한 코드들로 구성되어 있다.

우선 검은 화면 위로 오프닝크레디트들이 올라가고 나면 야경을 배경으로 유리에 비친 안상구(이병헌 분)의 희미한 이미지가 떠오르고, 카메라가 오른쪽으로 살짝 패닝하면 담배를 피워 무는 안상구의 입이 화면을 가득 채운다. 잠시 후 뒤로 넘긴 단발머리에 검은색 가죽장갑을 끼고 자신만만한 듯 불량한 듯 묘한 표정을 짓고 있는 안상구의 전신 쇼트와 관객들은 정면으로 마주하게 되는데, 이때 안상구의 입에서 나오는 말이 "기자양반, 영화 좋아해요? 빰빠빠빠 빰빠빠빠 빠라밤. 요 음악만 나오믄 가슴이 벌렁벌렁 했는데."이다. 스릴러 영화에나 나올 법한 배경음악에, 카리스마의 상징인 이병헌이라는 배우가 관객을 정면으로 응시하고 앉아서, 잔뜩 기대감에 부풀어 어떤 어마어마한 이야기가 나올까 기다리고 있는 관객들에게 영화를 좋아하냐고 물어오고 있는 것이다.

안상구의 질문은 관객들을 영화의 디에게시스[10]로 초대하는 초대장이다. "저기요, 질문에 좀 집중하시고, 정의심 때문입니까? 아니면 복수? 아니, 영화 얘기는 나중에 하시구요, 내가 지금 영화 보러 온 것도 아니잖아요."라며 참을성 없이 짜증을 부리는 기자의 닦달하는 목소리가 아무리 현실세계로의 방향전환을 요구하고 있어도, 안상구의 대사는 블랙홀처럼 관객을 영화 속으로 흡입해버린다.

> 안상구: 〈차이나타운〉이라고 봤어요? 잭 니콜슨이 사립탐
>    정으로 나오는데, 쉽게 얘기하면 흥신소 같은 거지. 어
>    느 날 어떤 부인이 찾아와서 남편의 뒷조사를 부탁하는

---

**10** 디에게시스는 내레이션과 내러티브의 내용, 스토리 내부에서 묘사된 허구의 세계를 가리킨다. 영화에서 디에게시스는 스크린 위에서 실제로 전개되는 모든 것, 즉 허구적인 실재를 지칭한다. 등장인물들의 말이나 몸짓, 스크린 위에서 행해지는 모든 연기들이 디에게시스를 형성한다.(수잔 헤이워드, 『영화 사전』, 한나래, 1997, 74쪽)

데. 남편은 죽고, 그 부인은 가짜였고, 진짜 부인이 나타나고, 뭐 이야기가 갈수록 복잡해. 음모에 반전에. 라스트에 짠하고 등장하는 진실이 진짜로 추잡하지. 진실이 궁금하지 않습니까?

안상구의 영화로의 초대가 극적인 효과를 발휘하면서도, 현실과의 선을 더욱 명확히 긋고 있는 지점은 영화가 엔딩으로 치달아갈 때, 교도소 안에서 비웃는 듯한 미소를 짓고 있는 안상구와 차에서 내리는 우장훈 검사 그리고 그를 기다리는 수많은 기자들의 슬로모션 사이사이 교차 편집되는 안상구와 우장훈 검사 간의 대화 장면이다. 여기서 안상구는 우장훈에게 "니 나랑 영화 한 편 하자."라고 제안한다. 깡패 말은 안 믿어도 검사 말은 믿을 테니, 함께 시나리오를 짜서 내부자들의 뒤통수를 치는 기가 막힌 '누아르 범죄 액션 스릴러' 영화를 만들어보자는 것이다.

영화 도입부에서 안상구가 관객을 영화적 공간으로 초대하고 있다면, 이 엔딩에서의 도발적인 제안은 관객에게 영화 안에서 다시 영화를 만드는 이중적 프레임을 제공하게 된다.

그래서 누아르 범죄 액션 스릴러 영화를 즐겨보는 사람이라면 누구나 예측할 수 있는 '적의 기지로 직접 침투하기'라는 관습이 안상구의 탈옥과 우장훈 검사의 내부자 되기로 실현될 때, 그리고 우장훈이 수많은 기자들 앞에서 내부자들에 대한 폭로전을 펼칠 때, 관객들은 가슴 쫄깃해지는 긴박감을 즐기며 안상구, 우장훈과 함께 한 편의 영화를 완성해나가게 된다.

재미있는 것은 이들과 함께 만들어가는 영화 속 영화 즉 권력 내 비리 사건의 폭로 작업의 대부분이 슬로모션으로 촬영되었다는 점이다. 가장 현실적이어야 할 지점에 가장 비현실적인 광학효과를 사용하여, 현실성을 과감히 삭제하고, 영화적 효과를 극대화시켜 관객들에게 최고의 장르적 재미를 제공함으로써 영화는 현실에서는 맛볼 수 없는 통쾌한 승리감과 영화적 재미를 동시에 제공한다. 그리고 내부자들이었던 이강희(백윤식 분)와 장필우(이경영 분)의 예견된 몰락을 보며, 마치 정의가 승리한 것 같은 도취감을 잠시 즐기기도 한다. 그리고 급기야 이강희와 장필우의 충실한 개 노릇을 했던 조상무를 산 채로 불에 태워 죽이는 깡패들을 보면서 정의 구현에 힘쓰는 그들을 향해 박수를 쳐주고 싶은 욕망까지도 느끼게 된다. 결국 이강희나 장필우 같은 내부자들은 여전히 살아남아서 망해도 3년은 간다는 부자들처럼 또 다시 권력의 핵심을 움켜쥐게 될 것인데 말이다.

### 장르영화의 미학:
### "영화는 영화일 뿐 오해하지 말자?"

영화 〈내부자들〉은 한국사회의 가장 더러운 곳, 권력자들의 천박한 탐욕이 드러나는 그곳을 극사실주의 미학을 사용하여 관객에게 까발리고, 보여준다. 그런데 그 한편에는 "영화는 영화일 뿐 오해하지 말자."라는 프레임을 걸쳐 놓아 내부자들이 오히려 고마움을 느낄 만한 영화라는 생각이 들기도 한다.

　내부자들의 상상을 초월하는 행각은 관객들에게 역

겨움과 구토증을 유발하고, 때로는 분노에 입안으로 욕지거리를 중얼거리게 만들지만, 그냥 그것으로 끝날 뿐이다. 재밌는 영화, 잘 만든 영화로 '강추, 엄지 척, 좋아요'와 같은 댓글이나 스티커를 잔뜩 남겨줄 수는 있겠지만, 영화적 공간 안에서 내부자들을 '물고 뜯고 맛보고 즐긴' 다음 현실로 돌아왔을 때 관객이 할 수 있는 일은 없다.

우민호 감독은 한 인터뷰에서 "TV만 틀면 뉴스에서 나오는 이야기다. 뉴스에서만 보던 그 이야기를 극장에서 뛰어난 배우들의 연기로 즐겼으면 하는 마음으로 영화를 만들었다. 현실에선 거대 권력의 장벽을 넘을 수 없는 한계가 있겠지만, 극장 안에서만큼은 그러지 않아도 된다. 보는 관객에게 통쾌함과 위로와 희망을 선사하고 싶었다. 관객이 영화를 재미있게 보고 극장 밖으로 나왔을 때 〈내부자들〉에 대한 흥미를 정치에 대한 관심으로 이어간다면 성공 아니겠나."(『씨네21』, 2015.11.25.)라고 말했다.

감독의 바람대로 영화 〈내부자들〉은 관객들에게 장르적 재미를 제공하면서도 권력 내부의 민낯을 까발리고, 이들의 몰락을 보여줌으로써 현실의 장벽을 뛰어넘어 정의를 실현하는 통쾌함을 제공해주었다. 영향력으로 보자면 2015년 최고의 영화라 해도 부족함이 없다.

하지만 한편으로 이 영화가 왠지 위험해 보인다는 생각이 드는 건 왜일까? 그건 아마도 영화라는 매체가 가진 영화적 환영(filmic illusion)이라는 특성 때문일 것이다. 영화적 환영에 기초한 장르영화들은 영화적 공간과 현실적 공간을 연결할 수 있는 힘을 제공하지 못한다. 왜냐하면 장르영화의 미학은 기본적으로 "영화는 영화일 뿐 오해하지 말자."라는 정신에 입각해 있기 때문이다.

대공황이 세계를 휩쓸었던 1930년대에 할리우드에서 뮤지컬 영화가 대거 생산되기 시작했던 것도, 힘들고 고통스러운 현실세계를 잠시라도 잊고 영화라는 디에게시스 안에서 행복감과 대리만족을 느끼게 하려는 이유가 컸다.

이 시기 인기가 좋았던 누아르 영화들은 조폭들의 어둡고 음습한 세계를 낭만적으로 그려냄으로써 관객들의 비참하고 억울한 심정을 대신 긁어주기도 했다. 그러나 중요한 것은 그 모든 감정의 실타래가 극장 안에서 감고 풀고 해결하도록 만들어졌다는 것이다. 이것이 장르영화의 미학이다.

그래서 바로 직전까지도 가지고 있던 현실에 대한 생각과 감정들은 영화의 시작을 알리는 로고음악과 함께 순식간에 사라지며, 극장을 나설 때는 영화가 제공해준 드라마틱하면서도 낭만적인 해피엔딩에 도취되어 현실과의 직면을 내심 미루게 된다.

영화 〈내부자들〉이 아무리 적나라하게 권력의 탐욕스럽고 추잡한 이면을 까발리고 있어도, 영화가 알아서 관객들의 분노 게이지도 올렸다 내렸다 조절해주고, 잘생긴 조폭과 검사가 적시 적소에 나타나 얻어터지기도 하고, 팔도 한 쪽 잘려가면서, 다 싸워주고, 다 처벌해주고 있는 한, 관객들의 카타르시스 강도까지 조절해주는 한, 이 영화를 통해 진취적이고 능동적인 정치적 관심을 끌어내기란 쉽지 않다. 장르영화의 목적이 여기에 있지 않기 때문이다.

'누아르 액션 범죄 스릴러'라는 장르 복합적이면서도 각 장르의 특성을 유감없이 활용하고 있는 영화 〈내부자들〉은 웰 메이드 영화이며, 2015년을 빛낸 대표적인 영화로 한국영화사 리스트에 올려질 만한 영화이다.

그러나 이 영화는 '혁명은 TV에 나오지 않는다'는 문 강형준의 말처럼 권력의 핵심, 즉 내부자들의 가장 은밀한 세계를 까발려놓고 있으면서도 권력자들에게 안전한 영화일 수 있으며, 그래서 우리에게는 참으로 위험한 영화일 수 있다.

왜냐하면 현실세계에서 해결해야 할 문제들이 영화적 도취로 다 해결되어버려 "영화는 영화일 뿐 오해하지 말자."라고 혹은 "영화니까……"라고 관객들이 스스로 자조적인 웃음을 던지며 극장을 나설 수 있기 때문이다. 현실은 여전히 엄혹함에도 말이다.

**조수진** 현재 한양대, 덕성여대, 서경대에 출강 중이다. 한양대학교 연극영화학과를 졸업하고 독일 에어랑엔-뉘른베르크 대학교 영화학 석사 및 박사학위를 취득했다. 논문으로 「현대독일영화의 한 경향: 포스트모던 시대의 역사영화 - 오스카 륄러의 <유대인 쥐스 - 양심없는 영화>(2010)를 중심으로」, 「현대 독일 사회 속 여성들의 삶을 바라보는 하나의 시선 - 경계에 선 여성: 페오 알라닥의 <그녀가 떠날 때>(2010)를 중심으로」, 「오스트리아 예술경영과 문화민주주의 - 빈 극장연합을 중심으로」 등이 있다.

〈천만 영화를 해부하다〉 평론 시리즈 1

# 내부자들

**초판 1쇄 인쇄**   2017년 2월 15일
**초판 1쇄 발행**   2017년 2월 22일

**엮은이**    한국미디어문화학회
**펴낸이**    박성복
**책임편집**  조소연
**디자인**    지소영
**펴낸곳**    도서출판 연극과인간
**주 소**    01047 서울특별시 강북구 노해로25길 61
**등 록**    2000년 2월 7일 제6-0480호
**전 화**    (02)912-5000
**팩 스**    (02)900-5036
**홈페이지**  www.worin.net
**전자우편**  worinnet@hanmail.net

ISBN  978-89-5786-608-5  04680
      978-89-5786-607-8  (세트)

값은 뒤표지에 있습니다.